IDENTIDAD

Sexual

Y DESARROLLO

de

Género

LO QUE SEGURO DEBES SABER

ESTEBAN BORGHETTI

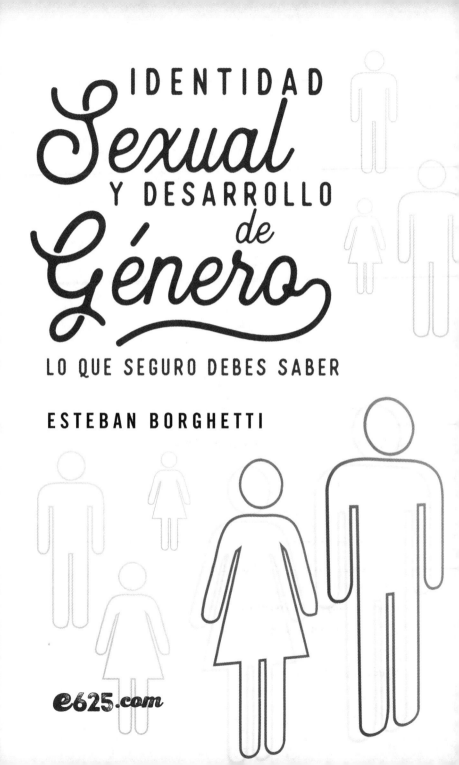

IDENTIDAD
Sexual
Y DESARROLLO
de
Género

LO QUE SEGURO DEBES SABER

ESTEBAN BORGHETTI

e625.com

IDENTIDAD SEXUAL Y DESARROLLO DE GÉNERO

e625 - 2023

Dallas, Texas

e625 ©2023 por Esteban Borghetti

Todas las citas bíblicas son de la Nueva Biblia Viva (NBV) a menos que se indique lo contrario.

Editado por: **Virginia Bonino de Altare**

Diseñado por: **JuanShimabukuroDesign**

ISBN: 978-1-954149-28-1

IMPRESO EN ESTADOS UNIDOS

Contenido

CAPÍTULO 1

¿QUÉ ES LA

Identidad?

El tema motor de este libro, y por el que seguro estás leyéndolo, es la «identidad de género», y al abordar este tema tan urgente, controversial o sensible, se hace necesario establecer las bases de qué es y cómo se desarrolla la identidad humana, ya que la «identidad de género» es justamente una de las expresiones de esta identidad general del hombre y la mujer.

Como siempre, una manera simple pero necesaria de comenzar a definir algo es buscar lo que dice el diccionario. Las palabras que usamos tienen poder y al hablar de temas sensibles es importante ser sensibles al uso correcto de las palabras.

En el diccionario encontramos que la definición más popular de identidad dice: «Conjunto de rasgos o características de una persona o cosa que permiten distinguirla de otras en una agrupación».

Y aquí ya hay algo interesante que puede sorprender a alguno y es la palabra «agrupación». La identidad se establece «en relación a», es decir, tiene una dimensión social. Si pensamos a la identidad desde el punto de vista colectivo (por ejemplo, la identidad de un país, cultura, barrio o familia) encontraríamos similares características de definición: «Conjunto de rasgos o *características sociales, culturales, etc., propios de una colectividad que la definen y distinguen a la misma entre otras*».

Según otras ideas, podemos también considerar a la identidad como la conciencia que una persona tiene respecto de sí misma y que la convierte en alguien distinto a los demás por lo que diríamos entonces que la identidad tiene que ver con los rasgos con los que otros nos definen y, a su vez, aquellos rasgos o características con los que nosotros nos autodefinimos.

Estos rasgos o características singulares permiten identificarnos, definirnos y sentirnos a gusto (o no) con distintas personas, cosas, modas, ambientes y sociedades.

Incluso, podemos encontrar diferentes tipos de identidades con relación a la personalidad y el contexto de un individuo. Por ejemplo, entre ellas están:

La identidad cultural: alude a todas aquellas características referidas a una determinada cultura. Abarca las creencias, costumbres, comportamientos, tradiciones y valores que posee una cierta comunidad que permiten que sean identificados del resto.

La identidad nacional: hace referencia al estado o sentimiento de identidad que tiene cada persona perteneciente a una nación o territorio, que puede incluir aspectos como su cultura y lengua.

La identidad de género: comprende aquel grupo de sentimientos o pensamientos en relación a una persona que le posibilita identificarse con un género en particular; identidad que debemos diferenciar de la identidad sexual.

La identidad sexual: el concepto de identidad sexual hace referencia a la visión que cada persona tiene de su propia sexualidad, la cual resulta determinante a la hora de relacionarse con el resto de la sociedad. Alude a la percepción que un individuo tiene sobre sí mismo en cuanto a sentirse hombre o mujer, en función de la evaluación que se hace evidente a partir de sus características físicas o biológicas. En términos generales, alude al aspecto psicológico de la sexualidad de un individuo enraizada en la biología.

La identidad civil: es aquella que posee cada persona cuando le es otorgado un nombre y un apellido a la luz de las leyes de un estado.

E incluso podemos agregar una identidad espiritual que tiene que ver con la asignación del creador y nuestro conocimiento, desconocimiento, asimilación o indiferencia en cuanto a cómo interpretamos esa asignación.

La suma de todos estos factores o identidades suman o incluso compiten en la convergencia de quienes llegamos a ser.

LA IMPRONTA GENÉTICA Y EL ENTORNO

Según el Dr. Héctor Segú, destacado médico sexólogo presidente de la Asociación Argentina de Sexología, se puede afirmar que: «Existe una norma genética que marca al feto como macho o hembra, pero para que cristalice como tal, necesita del entorno adecuado a partir del nacimiento, es decir nos identificamos como hombres o mujeres siguiendo un proceso evolutivo donde el aprendizaje cobra un papel importante».

Tanto para la observación práctica como para la ciencia, está claro que nacemos con una impronta genética que marca al ser humano como hombre y mujer y me gusta mucho la siguiente frase del escritor colombiano Gabriel García Márquez que completa esta idea: *«Los seres humanos no nacen para siempre el día que sus madres los alumbran: la vida los obliga a parirse a sí mismos una y otra vez, a modelarse, a transformarse, a interrogarse (a veces sin respuesta) a preguntarse para qué diablos han llegado a la tierra y que deben hacer en ella».*

Me gusta porque apunta a que la identidad es una construcción, un complejo proceso de la formación que dura toda la vida y también porque me recuerda las palabras de Pablo a los Filipenses: «*El que comenzó tan buena obra en ustedes la irá perfeccionando hasta el día en que Jesucristo regrese. De esto estoy seguro*». (Filipenses 1:6)

Nosotros trabajamos en la formación de la identidad incluso sin darnos cuenta y Dios desea estar activo trabajando en nosotros. Qué poderosa combinación, ¿cierto?

Cada historia, cada vivencia, cada experiencia que hemos tenido, se mezcla con nuestras características genéticas heredadas y da por resultado una nueva combinación de nosotros mismos. Nuestra identidad se encuentra en una continua tarea de construcción y remodelación. Hay rasgos característicos de nuestra personalidad que van a acompañarnos en casi todas nuestras acciones y nos permitirán ser únicos e irrepetibles.

Cada historia, cada vivencia, cada experiencia que hemos tenido, se mezcla con nuestras características genéticas heredadas y da por resultado una nueva combinación de nosotros mismos.

IMÁGENES QUE CONSTRUYEN

Nuestra mente saca fotos desde que nacimos. Tenemos un Instagram interno que va eligiendo fotos para compartir. Imágenes e identificaciones del pasado personal que construyen una historia y un perfil. La influencia que tienen nuestras vivencias y las identificaciones con otras personas, en especial las de nuestra infancia, es muy alta. De modo consciente o, como en la mayoría de las veces, muy poco consciente, nuestras vivencias e identificaciones del pasado personal han influenciado en nosotros como para que podamos responder a las siguientes preguntas cruciales: ¿quién soy?, ¿quién no soy?, ¿cómo quién quiero ser? Y otras veces: ¿cómo quién no quiero ser?

Esta conciencia psicológica de identidad se inicia a partir de los dos años, cuando el niño deja de expresar «la niña» o «el niño», para referirse a sí mismo, y aprende el pronombre «yo», diferenciando su persona del medio que lo rodea. En esta autopercepción está logrando marcar la diferencia entre el «yo» y el «tú» pero siempre es en relación con el entorno.

Así que resumamos: muchas de esas características que definen la identidad del ser humano suelen ser hereditarias o innatas de la persona, pero sin lugar a duda, el entorno ejerce una gran influencia en la conformación, desarrollo y cambios de nuestra identidad.

¿CÓMO COMIENZA LA ATRACCIÓN?

En los últimos años he participado en muchas charlas o conferencias relacionadas a cómo ayudar a jóvenes con atracción a personas del mismo sexo y usualmente, en algún momento del seminario me encuentro con la siguiente pregunta: *«¿Cómo es que se dio la atracción hacia personas del mismo sexo?»*. En ese momento aprovecho para afirmar dos cosas:

1. Nadie nace siendo homosexual ya que, aunque haya insinuaciones, especulaciones teóricas o muchos lo repitan como si fuera un hecho científico, la genética no puede corroborar que la homosexualidad se hereda de nuestros genes.

2. La atracción sexual a personas del mismo sexo (homosexualidad) se ha construido como el resultado de un largo proceso de formación de la identidad sexual durante nuestra niñez y hasta la adolescencia.

Nadie nace siendo homosexual ya que la genética no puede corroborar que la homosexualidad se hereda de nuestros genes.

Quizás la primera afirmación te sorprenda porque hoy hay muchas personas en los medios de comunicación masiva repitiendo la idea de que alguien nació así y por eso no tiene la culpa y no es natural negarle un deseo genético a nadie. Pero repetir eso es una falacia y aunque muchas personas lo crean, simplemente no hay base científica para afirmarlo.

Hablar de «culpa» e involucrar la variable de la moralidad ya es más complejo porque como venimos explicando, la formación de la identidad es más bien un proceso inconsciente. Aunque sea complejo está claro que, por más que se repita un millón de veces que alguien puede nacer homosexual, eso no lo hace cierto.

Respecto a la segunda afirmación, durante dicha construcción hay tres elementos que han tenido un rol muy preponderante:

1. La cultura donde nació y se formó el niño. El rol del padre, de la madre y las características de los integrantes de esa cultura.

2. Las situaciones vividas dentro de dicha cultura.

3. Las características genéticas heredadas del niño que se formó dentro de esa cultura y con esas vivencias.

Todos nosotros nacemos en un contexto y cultura que obviamente no hemos elegido pero que definitivamente nos han influenciado. Durante la interacción con este contexto y sus diferentes integrantes (como el colegio, amigos, padres, hermanos, familiares, etc.), hemos experimentado distintas vivencias que también nos han influenciado y han modelado nuestro carácter.

Dichas vivencias tienen su peso de importancia en función del contexto donde hemos sido criados. Por poner un típico ejemplo de «mi Buenos Aires querido», no se le asigna la misma importancia al súper clásico de fútbol Boca-River en una familia muy fanática del fútbol que en otra cuyos intereses son el arte y la música clásica. Puedes imaginar el ejemplo con los rivales de tu contexto. El estado de ánimo luego de ganar o perder el súper clásico no será para nada igual en una familia súper competitiva que en otra que no lo es. A la vez, esas vivencias, además de ser distintas en función a la familia donde nos han criado, serán también distintas según el carácter de cada uno de sus integrantes. No es lo mismo perder el súper clásico de Boca-River en esta familia fanática de Boca, donde el padre y el hijo mayor tienen un carácter muy irritable y poco resistente a la frustración, que dentro de otra familia donde el padre y el hijo tiene un carácter más flexible, menos irritable y poco competitivo. Y si vamos a un ejemplo un poco más serio, no es lo mismo para un niño con un carácter fuerte, seguro de sí mismo y con una buena autoestima, sufrir algún tipo de violencia sexual (abuso o maltrato) que para otro niño que posea un YO más débil.

LA VISIÓN PANORÁMICA

Todos somos distintos, pero en cada uno de nosotros, nuestras identidades se construyen mientras

también se descubren. Vamos reconociendo reaccio-
nes, asentando hábitos y valores y manteniendo un
dialogo interior mientras respondemos la pregunta
«¿quién soy?». Así que dejemos claro que:

1. Frente a una misma vivencia nunca se obtiene
   el mismo impacto emocional. El impacto estará
   dado en función de al menos dos variables:
   la personalidad del niño y la influencia de la
   personalidad de sus padres o entorno.

2. La formación de la identidad no depende de
   una única variable. Será el resultado de una
   compleja combinación de al menos tres com-
   ponentes: entorno, vivencia y genética.

Hace unos años conocí a una familia cuyos padres me consultaron por su hijo adolescente, quien
tenía atracción hacia personas del mismo sexo. Esta
familia tenía dos hijos. El hijo mayor nació con un
temperamento de base muy fuerte: desde pequeño
disfrutaba jugar con su padre de una forma física
y ruda, con apretones, golpes y desafiantes acroba-
cias. Su padre, hombre criado en el campo, agricul-
tor, acostumbrado a utilizar su cuerpo y la fuerza
bruta para la mayoría de las labores del campo,

encontraba en su hijo un compañero con el que disfrutaba pasar largas horas. Al regresar a la casa, ambos compartían con la mamá las historias del día de campo: sol, tierra, suciedad, animales, etc. En el colegio, el carácter y la personalidad de este niño le permitían estar siempre entre los referentes de la clase y desarrollar liderazgo e influencia. Su padre participaba de los eventos deportivos y ambos asistían a la cancha para ver los partidos de fútbol en el club favorito.

Años más tarde nace el segundo hijo. La relación con este hijo (por quien estaban consultando), tomó rumbos muy diferentes. Este niño nació con rasgos de temperamento muy distintos a los de su hermano mayor. No le gustaba, no disfrutaba y no le llamaba la atención el uso del cuerpo y la fuerza bruta como medio de entretenimiento o diversión. El padre, acostumbrado a relacionarse con los niños de forma brusca, buscó involucrarlo en *su* tipo de actividades habituales (deporte, labores en el campo, juego rudo, crianza de animales, etc.), pero este niño las evitaba continuamente. Llegaba frente a su madre y lloraba para que ella evitara que su papá lo obligara a hacer esas cosas. La madre, al ver que su esposo frustraba, provocaba a ira y generaba malestar y dolor en su hijo, comenzó a «protegerlo» de este tipo de conducta. Alejó al padre y comenzó a suplantar los juegos bruscos del padre con actividades más lúdicas e intelectuales, en las que ella se daba cuenta que este niño disfrutaba muchísimo más. Esta madre en reiteradas ocasiones le pidió al padre que cambiara de forma de relacionarse, que variara de actividad y que se adaptara a lo que al niño le gustaba. Pero el padre nunca logró entender la importancia de este pedido.

Todo adulto, y en especial los padres, deben entender la forma de ser, de pensar y de sentir de los niños y, a partir de allí, educarlos como hombre o mujer con las características particulares de su temperamento. Descubrir el diseño único de Dios para cada uno.

Retomaré este punto en el capítulo donde hablaremos sobre el rol de los padres en la formación de la identidad, pero cierro la historia diciendo que la incomprensión del padre acerca del tipo de carácter de su hijo motivó en la madre la necesidad de proteger y aislar a su hijo del padre. Como consecuencia de esto el niño la tomó como modelo identificatorio, es decir, tomó un modelo femenino.

Los padres deben entender la forma de ser de los niños y, desde allí, educarlos y descubrir el diseño único de Dios para ellos.

> *Los padres deben entender la forma de ser de los niños y, desde allí, educarlos y descubrir el diseño único de Dios para ellos.*

Considero que la *mujer* (como género) es maravillosa. Créanme, sé de qué les hablo: ¡convivo con cuatro mujeres! (mi esposa y tres hijas jóvenes). Considero que en muchos aspectos la mujer puede ser más capaz que el hombre: es inteligente, intuitiva, sensible, trabajadora, responsable, etc. Pero por más maravillosa que la mujer sea, hay algo que *nunca* podrá hacer: masculinizar el vínculo. Asignar identidad masculina al niño varón es solo tarea del *hombre* varón masculino. En nuestra historia, la mamá, al suplantar la figura del hombre masculino, con muy buenas intenciones logró llenar los espacios de identificación del rol femenino. Esto, combinado con el tipo de carácter (mayormente heredado o genético) de este niño, fue asentando los rasgos de identidad más asociados a la figura femenina que masculina. En medio de este proceso de formación, este niño vivió una de las cosas más fuertes e influyentes en la identificación sexual: pasó varios años de juego sexual íntimo con su primo, cuatro años mayor que él. En silencio y mientras sus padres dejaban a su hijo al cuidado de sus primos, vivió reiteradas situaciones de juego sexual entre ambos niños. Este «juego» sumó a la asociación de que el disfrute sexual era con personas del mismo sexo. Estos episodios terminaron por afirmar una confusión en la formación de su identidad, que luego tuvo que redefinir en su adolescencia.

Si aplicáramos la idea que vimos sobre las tres áreas involucradas en la formación de la identidad a la vida de nuestra historia en cuestión, vemos que la distancia y la poca sensibilidad de su padre (cultura o contexto) para entender y acomodarse a la necesidad del niño, sumada a la vivencia de juego sexual con otros niños (situación vivida), y por último un tipo de temperamento de base (genético), han sido los protagonistas en la formación de la conducta que hoy vemos en el adolescente.

Ninguna de las tres áreas tiene fuerza en sí misma para determinar de manera concluyente la formación de la identidad, pero la combinación de las tres puede explicar en gran medida su conducta presente.

CAPÍTULO 2

Identidad Sexual,
IDENTIDAD DE GÉNERO
E Ideología DE Género

El alemán Joseph Ratzinger, el papa emérito Benedicto XVI, afirmó que «la ideología de género es la última rebelión del ser humano» y me pareció interesante iniciar este capítulo con esta afirmación. De hecho, luego de hacer esa declaración, en un escrito titulado «El bastardeo de la identidad sexual», Ratzinger explayó la afirmación con algunas consideraciones que podemos utilizar para iniciar la diferenciación entre identidad sexual e «identidad de género».

El mismo expresa: «Con el ateísmo el hombre moderno pretendió negar la existencia de una instancia superior externa que le dijera algo sobre la verdad de sí mismo, sobre lo 'bueno' y sobre lo que es 'malo' de la conducta humana.

Luego, con el materialismo, el hombre moderno intentó negar su condición de ser espiritual, tratando de lograr toda satisfacción y plenitud a través de sus propias fuerzas y razones.

Ahora, con la ideología de género, el hombre moderno pretende liberarse incluso de las exigencias de su propio cuerpo; se considera un ser autónomo que se construye a sí mismo; un ser que se crea a sí mismo y se convierte en un dios para sí mismo».

Con la ideología de género el hombre pretende liberarse de las exigencias de su propio cuerpo: se considera un ser autónomo que se construye a sí mismo.

LA IDENTIDAD SEXUAL

Al hablar de sexualidad, podemos hacer referencia a tres dimensiones que la conforman: el sexo genotípico, el sexo fenotípico y el sexo de identidad.

Fenotipo y **genotipo** son términos muy utilizados para diferenciar la composición genética (genotipo) de un organismo y la forma en que esta composición genética se expresa (fenotipo).

Hay diferencias interesantes entre estos dos conceptos y a continuación veremos cuáles son.

Genotipo

En la primera dimensión se hace referencia a todos los aspectos genéticos que le asignan a nuestra especie el hecho de ser macho o hembra dentro de la misma. Es la variación genotípica entre los cromosomas XX y XY la que determinará el sexo del organismo. En esta dimensión se hará referencia al conjunto real de genes que un organismo lleva dentro. Es toda la información genética que se encuentra en nuestro ADN.

Básicamente, el genotipo determina el tipo de rasgos que podrán observarse en el fenotipo.

La condición de una persona y los rasgos con los que nace están determinados por su genotipo. Cada organismo tiene su asignación genotípica y por lo tanto tendrá su única y exclusiva característica fenotípica diferente a la de cualquier otro organismo. En palabras más fáciles, cada ser humano tiene un ADN diferente y es ese ADN el que determinará la forma, tamaño, color, altura, etc. de cada ser humano.

Fenotipo

En este sentido, la dimensión fenotípica de la sexualidad hace referencia a la expresión física de nuestra masculinidad o feminidad. Es la expresión de las gónadas. Las gónadas (del griego *goné*, «generación») son los aparatos reproductores que producen los gametos o células sexuales.

Cuando los genes que conforman el genotipo se expresan en características observables, entonces estamos hablando del fenotipo y estas expresiones se llaman fenotípicas.

Es interesante observar que el fenotipo de una persona no solo estará en función de los genes que se heredan, sino que también se verán influenciados por factores ambientales. La altura de una persona o su masa corporal no dependerá solamente de la influencia de los genes sino también del tipo de alimentación que ha tenido en la niñez y durante su tiempo de formación. La influencia del medio ambiente modificará (hasta cierto punto) el papel que juegan los genes. En pocas palabras, la expresión de los genes, modificados por factores ambientales, da como resultado un fenotipo.

Cuando observamos las diferencias físicas del ser humano (por sus expresiones genéticas de macho o hembra) estaremos observando sus características fenotípicas.

En resumen, las diferencias clave entre fenotipo y genotipo son que el genotipo tiene que ver con la genética y los rasgos heredados de un organismo, mientras que el fenotipo se refiere a las características físicamente observables de dicho organismo, que también son influenciadas por los factores ambientales.

El genotipo determina en gran medida cuál es el fenotipo final de un organismo.

El genotipo trabaja de manera interna, mientras que el fenotipo es la expresión externa del proceso interno (y de los factores ambientales que se presenten).

Es importante entender esta diferenciación ya que todo el concepto de identidad de género desestima la expresión genética o física del ser humano y pondera la construcción social de la persona, independizándola de la base física con la que haya nacido.

Por ejemplo, cuando hablamos de jóvenes con atracción a personas del mismo sexo (homosexualidad) no estamos hablando de personas que tengan alguna patología en su formación genotípica o fenotípica (si así fuese no hablaríamos de homosexualidad de base sino de alguna patología genética) sino de personas «sanas» geno y fenotípicamente hablando, pero con una formación de su sexo psicológico o de identidad que ha formado una atracción hacia personas del mismo sexo. La homosexualidad no es el producto de la acción de los genes o de las gónadas, sino del entorno y la cultura donde se ha formado dicho organismo.

La homosexualidad no es el producto de la acción de los genes o de las gónadas, sino del entorno y la cultura donde se ha formado dicho organismo.

Esta diferenciación es muy importante porque centra todo nuestro esfuerzo en la construcción de la identidad a través de la formación sociocultural (padres y entorno) del ser humano, y no tan solo como el producto de los genes y la expresión física de los mismos.

En este sentido tendríamos un pensamiento muy cercano a la fundamentación de la ideología de género ya que sostiene que la identidad es una construcción cultural, cosa con la que estaríamos de acuerdo. Sin embargo, aquí nace una de las principales inconsistencias de esta ideología, ya que genera un silencio entre la identidad y el cuerpo, lo cual, a gran escala, termina produciendo dolor, vergüenza y frustración aun en los entornos más permisivos con esta disociación.

Los cristianos entendemos que dicha formación
sociocultural de la identidad debe ser en función
de la asignación biológica, anatómica y funcional
de nuestra expresión genotípica y fenotípica desde
nuestro nacimiento, justamente por la sanidad completa de cada individuo, ya que esa disociación no
puede nunca producir un individuo pleno.

A la luz del diseño divino, si nuestro hijo nace
«macho de la especie», nunca hay una opción más
completa, placentera y plena para ese individuo que,
como sociedad, trabajemos para formar un hombre
(dentro de las características propias de la cultura
donde se formó) y si nace «hembra de la especie» lo
mismo hagamos para formar una mujer plena.

SEXO DE IDENTIDAD

Finalmente llegamos a la expresión del sexo de identidad. Esta dimensión de la sexualidad es la que mejor explica el porqué de cualquier caracterización de
los distintos géneros que hoy escuchamos por ahí.

Para lograr comprenderlo mejor, vamos a dife-
renciarlo en dos áreas: sexo psicológico y sexo
sociológico.

SEXO PSICOLÓGICO

Esta diferenciación estará expresada principalmente por la formación de la autoconciencia diferenciada entre el ser hombre y el ser mujer. Podemos pensarla como la autopercepción de la sexualidad.

La preocupación por el desarrollo de la identidad sexual cobró particular importancia en la psicología a partir de la obra de Freud. Su teoría sexual exponía el papel que cumplía sobre la formación de la identidad sexual el haberse identificado con el padre de igual sexo y elegir como objeto de amor al sexo contrario. Es ciertamente la familia y su entorno social la que acompañará al niño en la calidad y profundidad de dicha diferenciación. Es a través de las observaciones y experiencias en la familia donde el niño empieza, como en muchas otras áreas de la vida, el aprendizaje de su identidad sexual. Este tratamiento que el entorno haga con el niño será clave para encausar la expresión de «el niño» o «la niña» hacia el correspondiente ser hombre o mujer.

La influencia de los padres o figuras sustitutas son de tremenda relevancia. La significación que le den a cada acción y el refuerzo de cada conducta será la

acción más común que lleve al niño a una identificación sexual. Como ya lo expresamos, **el concepto
de masculinidad y feminidad se va desarrollando
a medida que crecemos.**

Más adelante retomaremos esta idea y dedicare-
mos toda una sección a distinguir qué acciones de
la familia y de los padres serían las más adecuadas
para la formación de una identidad sexual firme y
saludable.

SEXO SOCIOLÓGICO

Es la percepción del sexo dado por el entorno. Esta
percepción ha estado cargada de favoritismos e
injusticias a lo largo de la historia. Esa percepción
social es fruto de procesos históricos, culturales
y sociales que son determinantes de los roles a
cumplir según sean varones o mujeres. Si bien los
hombres y mujeres no somos iguales fisiológica y
anatómicamente hablando, la cultura predominante
en cada momento de la historia se ha encargado,
en algunos momentos, de traducir esas diferencias
biológicas en injusticias sociales. Hay culturas que

sostuvieron profundas diferencias abusivas, ilegales e inmorales, y usualmente se dio sobre la mujer.

Como líderes cristianos debemos desarrollar un pensamiento equilibrado, justo y de reivindicación sobre las acciones corporativas injustas que hemos tenido sobre el rol de la mujer en la sociedad. El movimiento feminista de principios de siglo XX ha venido a traer un poco de equidad y paz sobre este asunto, pero aún quedan muchas expresiones injustas en las que debemos seguir trabajando.

Es entonces la identidad sexual o la identidad de sexo la huella psicológica de la sexualidad, y alude al aspecto de la sexualidad de un individuo en función de lo biológico.

Sería la percepción que un individuo tiene sobre sí mismo, en cuanto a sentirse hombre o mujer, en función de la evaluación que realiza de sus características físicas o biológicas.

La identidad de género es la vivencia que cada individuo tiene de sí mismo y de su conducta; cómo se percibe, cómo se ve, cómo se siente con lo que es.

La expresión «identidad de género» pretende reemplazar al concepto de *identidad sexual* y usa como fundamento que el género es solamente una construcción social, de manera que tienen lugar muchos más géneros que el masculino y femenino. En el colectivo LGBTIQ+ (lésbico, gay, bisexual, transgénero, transexual, travesti, intersexual, queer y el signo «+» que incluye a todos los colectivos que no están representados en estas siglas) entran, cada vez más, nuevos géneros, todos considerados totalmente aceptables. La *ideología de género* es la que defiende este pensamiento. Según esta ideología se puede ser hombre y «devenir» mujer y viceversa.

La expresión «identidad de género» pretende reemplazar al concepto de identidad sexual, y usa como fundamento que el género es solamente una construcción social.

¿POR QUÉ SE REEMPLAZA «IDENTIDAD SEXUAL» POR «IDENTIDAD DE GÉNERO»?

La ideología de género evita el término sexo porque este hace referencia a la naturaleza e implicaría solo dos posibilidades —varón o mujer–, únicas posibilidades derivadas de la dicotomía sexual biológica. La «ideología de género» usa entonces la palabra género que desde la lingüística permite tres variaciones: masculino, femenino, neutro.

Judith Butler, una de las representantes de la ideología de género afirma: «El género es una construcción cultural; por consiguiente, no es el resultado causal del sexo, ni tan aparentemente fijo como el sexo. Al teorizar que el género es una construcción radicalmente independiente del sexo, el género mismo viene *a ser un artificio libre de ataduras. En consecuencia, varón y masculino podrían significar tanto un cuerpo femenino como cuerpo masculino; mujer y femenino, tanto un cuerpo masculino como uno femenino».* La ideología de género evita el término «sexo» porque este hace referencia a la naturaleza, e implicaría solo dos posibilidades: varón o mujer.[1]

La ideología de género evita el término «sexo» porque este hace referencia a la naturaleza, e implicaría solo dos posibilidades: varón o mujer.

LA IDEOLOGÍA DE GÉNERO

Es un sistema de pensamiento cerrado que defiende que las diferencias entre el hombre y la mujer, a pesar de las obvias diferencias anatómicas, no corresponden a una naturaleza fija, sino que son unas construcciones meramente culturales y convencionales, hechas según los roles y estereotipos que cada sociedad asigna a los sexos.

Esta ideología está de alguna manera presente en todas las Agencias de las Naciones Unidas (en el Fondo para la Población, UNICEF, UNESCO y OMS, las cuales elaboraron muchos documentos con categorías propias de esta ideología.

Desde su plataforma de lanzamiento en Pekín 1995, se difundió esta ideología por todo el mundo, primero en los EE. UU. y luego en Europa y resto de los países.

Esta propuesta ideológica busca imponer una aparente «liberación total» del ser humano en todos los órdenes tras la deconstrucción del lenguaje, de las relaciones familiares, de la reproducción, de la sexualidad, de la educación, de la religión, de la cultura y nosotros podemos agregar, del diseño divino y de Cristo. Cuando el hombre se libere de todo eso, dicen, será verdaderamente libre, aunque nunca podrá liberarse del todo de su cuerpo y de la memoria instintiva que invita a una reproducción que queda trunca.

Déjame ahora responder algunas preguntas populares:

¿La ideología de género es lo mismo que feminismo?

No. Los ideólogos de género *no* son automáticamente «feministas de igualdad» o viceversa. Para entender la ideología de género hay que distinguir con claridad a qué nos referimos al mencionar ideas como la búsqueda de la igualdad y ecuanimidad (social, legal y jurídica) entre el hombre y la mujer, porque son dos conversaciones totalmente diferentes.

¿Cuantos géneros hay para la ideología de género?

Para la mayoría de los exponentes de la ideología de género se habló en principio de «cinco géneros» pero los términos y categorizaciones se han expandido. Las categorías más difundidas son: heterosexual masculino, heterosexual femenino, homosexual, lesbiana, bisexual e indiferenciado.

Para otros autores de la ideología de género, no se habla de ninguno específicamente ya que se trata de llegar a un estadio sin «sexos fijos», donde cada uno pueda elegir a su gusto, por el tiempo que quiera, el «rol» que más le guste, defendiendo así cualquier tipo de unión y cualquier tipo de actividad sexual, procurando abrirse a un panorama más «imaginativo» ya que son todas gamas de opciones. Consideran así que a cada persona le conviene elegir libremente el género al que le guste pertenecer, y esta elección puede variar según los momentos y etapas de la vida, según les plazca, ya que no hay más consecuencias que las culturales.

¿Qué términos utilizan los defensores de la ideología de género?

Aunque en capítulos posteriores profundizaré esta idea, me gustaría hacer una referencia acerca de la necesidad que tenía la ideología de imponer un nuevo lenguaje para imponer su idea.

Para lograr una transformación cultural y cambio de conductas, la ideología de género necesitó deconstruir el lenguaje, asignando nuevos términos a nuevas acciones, cambiar el significado de las palabras clave para así cambiar el significado de esas acciones; y así facilitar «la libertad total del hombre».

Deconstrucción. Es la tarea de denunciar las ideas y el lenguaje hegemónico.

Hegemónico. La ideología de género afirma que se han aceptado ideas universales sobre el varón y la mujer a través del patriarcado, que mantiene como predominante el dominio masculino.

Patriarcado. Para los ideólogos de género es la institucionalización del control masculino sobre la mujer, los hijos y la sociedad, que perpetúa la posición subordinada de la mujer.

Polimorfismo sexual. La ideología de género parte de un principio inamovible: los hombres y las mujeres no sienten atracción por personas del sexo opuesto por naturaleza. Dicen que eso es fruto solo de un condicionamiento cultural de la sociedad. El deseo sexual –afirman– puede dirigirse hacia cualquiera.

Lo natural. Es un concepto que, para esta ideología, hay que superar. No hay nada «natural», afirman. Shulamith Firestone decía: «Lo natural no es necesariamente un valor humano. La humanidad ha comenzado a sobrepasar a la naturaleza; ya no podemos justificar la continuación de un sistema discriminatorio de clases por sexos sobre la base de sus orígenes en la naturaleza. De hecho, por la sola razón de pragmatismo empieza a parecer que debemos deshacernos de ella».

Rol. Es un término tomado del ámbito teatral que indica que una persona, vestida especialmente y maquillada, representa un papel de acuerdo con un libreto escrito. El uso del término «rol» o de la frase «roles desempeñados» indica que hay algo artificial que se impone a la persona.

¿CUÁLES SON LOS «ROLES» A DECONSTRUIR PARA LA IDEOLOGÍA DE GÉNERO?

La ideología de género busca deconstruir, quitar del ideario social, roles como:

Roles de la masculinidad y feminidad. Dado que el hombre y la mujer nacen sexualmente neutrales y su asignación de roles está dada por las interacciones sociales, proponen educar a los niños sin juguetes o tareas «sexo-específicas», sin «estereotipos».

Roles familiares: padre, madre, marido y mujer. Las feministas de género pretenden que se sustituyan los roles de «género-específicos» por roles de «género-neutrales», de tal forma que no haya diferencias de conducta ni responsabilidad entre el hombre y la mujer en la familia. Para esto proponen sustituir la palabra padre o madre por el término «progenitores», sin diferencias sexuales. La ideología de género quiere quitarle a la familia cualquier estructura (padre-madre-hijos) para darle lugar a las familias formadas por uniones homosexuales (lésbicas o gays).

Roles de las ocupaciones o profesiones. La ideología de género *no* batalla para que todo hombre o
mujer pueda alcanzar un trabajo y ser remunerado
de igual manera (como hace el feminismo igualita-
rio) sino que lucha para que desaparezcan las categorías «hombre» y «mujer».

¿Qué postura sostienen los ideólogos de género ante el feminismo?

**Mantienen una postura opuesta a la lucha fe-
minista de igualdad. El objetivo de los ideólogos
de género no es mejorar la situación de la mujer
sino destruir la identificación de la mujer como
mujer.**

Durante la cumbre de Pekín Barbara Ledeen, direc-
tora del Independent Women Forum (Foro de Mujeres Independientes), una organización feminista
de defensa de la mujer ampliamente reconocida en
Estados Unidos, señaló lo siguiente al ver el documento escrito según los postulados de la ideología
de género: «El documento está inspirado en teorías
feministas ultra radicales, de viejo sello conflictivo,
y representa un ataque directo a los valores de la

familia, el matrimonio y la femineidad». Por eso es conveniente distinguir entre el feminismo de equidad (nacido a comienzos de siglo XX) y el pseudofeminismo de la ideología de género (nacido en 1960), que utiliza el lenguaje del feminismo radical para algo muy distinto. Les aconsejo leer «¿*Quién se Robó el Feminismo?*» de Christina Hoff Sommers, para profundizar este punto.[2]

Escribe Hoff Sommers: «El feminismo de 'equidad' lucha por la igualdad legal y moral de los sexos. Una feminista de equidad quiere para la mujer lo que quiere para todos: tratamiento justo, ausencia de discriminación».

Por el contrario, los ideólogos de género afirman: «Los hombres no gozarían del privilegio masculino si no hubiera hombres. Y las mujeres no serían oprimidas si no existiera 'la mujer'».

¿Cómo piensa la ideología de género la deconstrucción de la educación?

Como lo expresó la presidenta de Islandia, Vigdis Finnbogadottir, durante una conferencia preparatoria de la Conferencia de Pekín organizada por el Consejo Europeo en febrero de 1995: «Las niñas deben ser orientadas hacia áreas no tradicionales y no se las debe exponer a la imagen de la mujer como esposa o madre, ni se las debe involucrar en actividades femeninas tradicionales. La educación es una estrategia importante para cambiar los prejuicios sobre los roles del hombre y la mujer en la sociedad».

La ideología de género plantea que, para quitar el concepto «hombre» y «mujer», la perspectiva del género debe integrarse en los programas escolares.

Alison Jagger, autora de diversos libros de texto utilizados en programas de estudios femeninos en universidades norteamericanas, lo explica así: «El final de la familia biológica eliminará también la necesidad de la represión sexual. La homosexualidad masculina, el lesbianismo y las relaciones sexuales extramaritales ya no se verán desde el prisma liberal como opciones alternas, fuera del alcance de la regulación estatal; en vez de esto, hasta las categorías de homosexualidad y heterosexualidad serán abandonadas: la misma institución de las relaciones sexuales, en que hombre y mujer desempeñan un rol bien definido, desaparecerá. La humanidad podría revertir finalmente a su sexualidad polimórfica natural».

CAPÍTULO 3

Origen
DE LA IDEOLOGÍA DE
Género

Durante los últimos años se escucha hablar de «género» mucho más de lo que ocurría en el pasado y muchos fueron los que se imaginaron que era solo una nueva manera de distinguir y referirse a la división de la humanidad en dos sexos: hombre y mujer. Pero lo cierto es que por detrás de esa palabra se escondía la estrategia de poner en el centro de la vida social, política y educativa de nuestras comunidades, una ideología que busca precisamente quitar y combatir esta diferenciación bipolar de hombre y mujer.

Encontrarme con el informe de la Comisión Episcopal de Apostolado Laical de la Conferencia Episcopal

Peruana sobre el informe de Dale O'Leary, me ayudó a entender la verdadera estrategia que está detrás del aparentemente inofensivo vocablo «género». Te aconsejo leerlo.[3]

Como dijimos, los proponentes de esta ideología quieren afirmar que las diferencias entre el varón y la mujer, más allá de las obvias diferencias anatómicas, no corresponden a una naturaleza fija que distinga a los seres humanos como varones y mujeres. Piensan que las diferencias en la manera de ser, pensar, sentir y actuar son producto de la cultura social y de una época determinada, dependiendo exclusivamente de las estructuras sociales del medio, desestimando y erradicando el mandato biológico de «ser hombre» y «ser mujer» para la formación de la identidad del ser humano.

Esta determinación biológica es inaceptable para los exponentes de la ideología de género y, sin importar qué origen sexual biológico tenga el ser humano, este podrá ser heterosexual, homosexual, bisexual, transexual, travesti, solo como el producto de la construcción social. Por eso dan la libertad para que cada cual elija el tipo de *género* al que quiera pertenecer.

Los promotores de esta ideología o, según ellos, «nueva perspectiva sobre del ser humano» eligieron como escenario para lanzarla la *IV Conferencia Mundial de las Naciones Unidas sobre la Mujer* realizada en Pekín en el año 1995. Allí comenzó una fuerte campaña de promoción, difusión y persecución al concepto de la identidad y sexualidad biológicas. Es por esto que desde dicha cumbre han venido filtrando el aparente concepto amigable del «género» en todos los ámbitos sociales y medios de comunicación, tanto en países desarrollados como en países en vías de desarrollo, para luego trabajar en la imposición de su ideología.

En Pekín, a requerimiento de los asistentes que ignoraban esta nueva perspectiva del término «género», pidieron a los propulsores del mismo una definición del término y estos expusieron que: «El género se refiere a las relaciones entre mujeres y hombres, basadas en roles definidos socialmente que se le asignan a uno u otro sexo». Como esta definición provocó confusión y temor de desviaciones, la feminista Bella Abzug, ex diputada del congreso de los Estados Unidos intervino para completar la novedosa interpretación del término: «El sentido del término ‹género› ha evolucionado, diferenciándose de la palabra ‹sexo› para expresar la realidad de la que la situación y los roles de la mujer y del hombre son construcciones sociales sujetas a cambios».

Como dice Cristina Delgado en su reporte sobre la Conferencia Regional de Mar de Plata, Argentina, lo expuesto por las «feministas de género» procuraba imponer que «no existe un hombre natural o una mujer natural, que no hay conjunción de características o de una conducta exclusiva de un solo sexo, ni siquiera en la vida psíquica». Es decir que se desterraba la existencia de un hombre o mujer sexualmente definido desde lo natural.

Esta ideología evidentemente considera la postura de las «Feministas Radicales de Género», que son quienes la propulsaron. Un punto importante a aclarar aquí es que al referirnos al movimiento de «feministas de género», no estamos refiriéndonos al movimiento feminista de principios de siglo pasado, el cual ha luchado con justa razón por la igualdad, el respeto y el cuidado de la mujer (tema que retomaré más adelante), obteniendo resultados de justicia social como que la mujer pueda votar, ser escuchada en lugares de poder y autoridad, acceder a educación, jubilación y sistema de salud, sino a un movimiento radical que astutamente usa la idea de feminismo y de género para imponer una ideología.

Estas feministas de género dejaron plasmado en Pekín las bases de sus ideales:

1. **Patriarcado:** institucionalización del control masculino sobre la mujer, los hijos y la sociedad, que es necesario modificar porque perpetúa la subordinación de la mujer.

2. **Perversidad polimorfa, sexualmente polimorfo:** para las feministas de género, las personas no sienten atracción a personas del sexo opuesto por naturaleza sino por un condicionamiento social. Así, el deseo sexual puede dirigirse hacia cualquiera.

3. **Heterosexualidad obligatoria:** se presiona a las personas a pensar que el mundo está

dividido solo en dos sexos y que se atraen el uno al otro.

4. **Preferencia u orientación sexual:** para los ideólogos del género existen diversas formas de sexualidad: homosexualidad, bisexualidad, transexualidad, travestismo, etc., que son todas equivalentes con la heterosexualidad.

5. **Homofobia:** temor a personas de igual sexo, prejuicio contra las personas que tiene atracción al mismo sexo.

6. **Hegemonía:** ideas o conceptos aceptados universalmente que hay que desterrar porque en realidad son meras contracciones sociales.

7. **Deconstrucción:** la tarea de denunciar las ideas y el lenguaje hegemónico (es decir aceptados universalmente como naturales), con el fin de persuadir a la gente para creer que sus percepciones de la realidad son construcciones sociales.

8. «Se ha retrasado demasiado una crítica feminista de la orientación heterosexual obligatoria de la mujer».[4]

9. «Una estrategia apropiada y viable del derecho al aborto es la de informar a toda mujer que la penetración heterosexual es una violación, sea cual fuere su experiencia subjetiva contraria».[5]

10. «Cada niño se asigna a una u otra categoría en base a la forma y tamaño de sus órganos genitales. Una vez hecha esta asignación nos convertimos en lo que la cultura piensa que cada uno es (femenina o masculino). Aunque muchos crean que el hombre y la mujer son la expresión natural de un plano genético, el género es producto de la cultura y el pensamiento humano, una construcción social que crea la verdadera naturaleza de todo individuo.[6]

Es así como para las «feministas de género», el género «implica clase, y la clase presupone desigualdad. Luchar más bien por deconstruir el género llevará mucho más rápidamente a la meta».[7]

Llamó la atención, a quienes asistieron a la cumbre de Pekín, el empeño de la delegada canadiense Valerie Raymond en que se abordara «no como una conferencia de la mujer» sino como «temas que debían enfocarse a través de una óptica de género». Para la autora Dale O'Leary es evidente que el propósito de cada punto de la «agenda feminista de género» no es mejorar la situación de la mujer, sino separar a la mujer del hombre y destruir la identificación de sus intereses con los de sus familias. Esta afirmación es confirmada por la feminista Heidi Hartmann que radicalmente afirma: «La cuestión de la mujer nunca ha sido la cuestión feminista. Este (el movimiento feminista de género) se dirige a las causas de la desigualdad sexual entre hombres y mujeres, del dominio masculino sobre la mujer».[8]

> *El propósito de la «agenda feminista de género» no es mejorar la situación de la mujer, sino separar a la mujer del hombre y destruir la identificación de sus intereses con los de sus familias.*

La «nueva perspectiva» tiene como objeto propulsar la agenda homosexual-lesbiana-bisexual-transexual, y *no* los intereses comunes y corrientes de las mujeres.

Para Dale O'Leary, la teoría del «feminismo de género» se basa en una interpretación neomarxista de la historia.

Comienza con la afirmación de Marx de que toda la historia es una lucha de clases, de opresor contra oprimido, en una batalla que se resolverá solo cuando los oprimidos se percaten de su situación, se alcen en revolución e impongan una dictadura de los oprimidos. La sociedad será totalmente reconstruida y emergerá como una sociedad sin clases, libre de conflictos, que asegurará la paz y prosperidad utópicas para todos.

O'Leary agrega que Frederick Engels fue quien sentó las bases de la unión entre el marxismo y el feminismo. Para ello cita el libro «El Origen de la Familia, la Propiedad y el Estado», escrito por el pensador alemán en 1884, en el que señala:

«El primer antagonismo de clases de la historia coincide con el desarrollo del antagonismo entre el hombre y la mujer unidos en matrimonio monógamo».[9]

Según O'Leary, los marxistas clásicos creían que el sistema de clases desaparecería una vez que se eliminara la propiedad privada, se facilitara el divorcio, se aceptara la ilegitimidad, se forzara la entrada de la mujer al mercado laboral, se colocara a los niños en institutos de cuidado diario y se eliminara la religión. Sin embargo, para las «feministas de género», los marxistas fracasaron por concentrarse en soluciones económicas sin atacar directamente a la familia, que era la verdadera causa de las clases.

O'Leary considera que las «feministas de género» a menudo denigran el respeto por la mujer con la misma vehemencia con que atacan la falta de respeto, porque para ellas el «enemigo» es la diferencia.

> *Las «feministas de género» a menudo denigran el respeto por la mujer con la misma vehemencia con que atacan la falta de respeto.*

Queda claro entonces, que la meta de los promotores de la «perspectiva de género», fuertemente presente en Pekín, es el llegar a una sociedad sin clases de sexo. Para ello, proponen deconstruir el lenguaje, las relaciones familiares, la reproducción, la sexualidad, la educación, la religión, la cultura, entre otras cosas.

PRIMER BLANCO: LA FAMILIA

Una reconocida feminista radical de género, Alison Jaggar, autora de diversos libros de texto utilizados en programas de estudios femeninos en universidades norteamericanas, revela claramente la hostilidad de las «feministas del género» frente a la familia.

«La igualdad feminista radical significa no simplemente igualdad bajo la ley y ni siquiera igual satisfacción de necesidades básicas, sino más bien que las mujeres -al igual que los hombres- no tengan que dar a luz. La destrucción de la familia biológica que Freud jamás visualizó permitirá la emergencia de mujeres y hombres nuevos, diferentes de cuantos han existido anteriormente».[10]

La deconstrucción de la familia es fundamental para las «feministas de género» que, según ellas, esclaviza a la mujer y se condiciona socialmente a los hijos para que acepten la familia, el matrimonio y la maternidad como algo natural.

Christine Riddiough, colaboradora de la revista publicada por la institución internacional antivida «Catholics for a Free Choice» («Católicas por el derecho a elegir») expresa: «La familia nos da las primeras lecciones de ideología de clase dominante y también le imparte legitimidad a otras instituciones de la sociedad civil. Nuestras familias son las que nos enseñan primero la religión, a ser buenos ciudadanos».[11]

«Pensamos que ninguna mujer debería tener esta opción. No debería autorizarse a ninguna mujer a quedarse en casa para cuidar a sus hijos. La sociedad debe ser totalmente diferente. Las mujeres no deben tener esa opción porque si esa opción existe, demasiadas mujeres decidirán por ella».[12]

Queda claro, dice el documento de la Comisión Episcopal, que para los propulsores del «género», las responsabilidades de la mujer en la familia son supuestamente enemigas de la realización de la mujer.

DECONSTRUCCIÓN DE LA EDUCACIÓN

En una conferencia preparatoria de la Conferencia de Pekín organizada por el Consejo Europeo en febrero de 1995, la presidenta de Islandia, Vigdis Finnbogadottir, expresó que para ella, como para todos los demás defensores de la «perspectiva de género», urge deconstruir no solo la familia sino también la educación. Las niñas deben ser orientadas hacia áreas no tradicionales y no se las debe exponer a la imagen de la mujer como esposa o madre, ni se les debe involucrar en actividades femeninas tradicionales.

«La educación es una estrategia importante para cambiar los prejuicios sobre los roles del hombre y la mujer en la sociedad. La perspectiva del género debe integrarse en los programas. Deben eliminarse los estereotipos en los textos escolares y concientizar en este sentido a los maestros, para asegurar así que niñas y niños hagan una selección profesional informada y no en base a tradiciones prejuiciadas sobre el género».[13]

Es por esto por lo que no nos debe llamar la atención que, dentro de la agenda de avance del activismo de género en todos los países, lo primero que hacen es introducir el concepto «inofensivo» de género en los programas y leyes de educación, para luego avanzar en la deconstrucción de la familia y los valores.

Dentro de la agenda de avance del activismo de género lo primero que se hace es introducir el concepto «inofensivo» de género en los programas y leyes de educación, para luego avanzar en la deconstrucción de la familia y los valores.

DECONSTRUCCIÓN DE LOS DERECHOS SEXUALES

Dentro de la agenda del movimiento mundial de los feministas de género, encontraremos también la promoción de la «libre elección» en asuntos de reproducción y de estilo de vida.

Para O'Leary, «libre elección de reproducción» es la expresión clave para referirse al aborto a solicitud, mientras que «estilo de vida» apunta a promover la homosexualidad, el lesbianismo y toda otra forma de sexualidad fuera del matrimonio.

Yo me pregunto: lo que para nosotros hoy son consideraras patologías de la sexualidad como la zoofilia (sexo con animales), la pedofilia (sexo con menores), gerontofilia (sexo con ancianos), la necrofilia (sexo con muertos), monumentofilia (sexo con monu-mentos) y una larga lista de otras patologías, ¿serán consideradas como adecuadas dentro del concepto del libre estilo de vida?

Rebecca J. Cook, activa feminista de género, docente de Leyes en la Universidad de Toronto y redactora del aporte oficial de la ONU en Pekín, señala que «los sexos ya no son dos sino cinco», y por tanto no se debería hablar de hombre y mujer, sino de «mujeres heterosexuales, mujeres homosexuales, hombres heterosexuales, hombres homosexuales y bisexuales».

Para ellos los géneros masculino y femenino deberían ser abolidos.

DECONSTRUCCIÓN DE LA RELIGIÓN

Según el feminismo radical de género hay que deconstruir la religión, que es la causa principal de la opresión de la mujer. Buscan promover el ataque frontal al cristianismo y a toda figura que lo represente. Numerosas ONG acreditadas ante la ONU, se han empeñado en criticar a quienes ellos denominan «fundamentalistas». (Cristianos católicos, evangélicos y ortodoxos, judíos y musulmanes, o cualquier persona que reúse ajustar las doctrinas de su religión a la agenda del «feminismo de género») argumentando que la religión es un invento humano y las religiones principales fueron inventadas por hombres para oprimir a las mujeres. Por ello, «teólogas del feminismo de género» proponen descubrir y adorar no a Dios, sino a la Diosa Sophia: la sabiduría femenina, la reimagen de Dios. La «teóloga feminista de género» Elisabeth Schussler Fiorenza dice: «Los textos bíblicos no son revelación de inspiración verbal ni principios doctrinales, sino formulaciones históricas» negando de raíz la posibilidad de la Revelación divina y asociando todos los textos al producto de una cultura e historia patriarcal androcéntrica.[14]

Por último, en muchos ámbitos de Estados Unidos, el «feminismo radical de género» ha logrado ubicarse en el centro de la corriente cultural norteamericana. Prestigiosas universidades y colleges defienden abiertamente la ideología de género. Los medios de comunicación transmiten en los Estados Unidos, y por ende en nuestros países latinoamericanos, la idea de que la identidad sexual puede y debe deconstruirse, ya que la masculinidad y la feminidad no son más que una construcción social opresiva, patriarcal, coercitiva, antigua, esclavizadora y limitada. Estas ideas, denominadas «perspectiva de género» han llegado a ser la base de los sistemas de educación. Existen muchas personas que, quizás por falta de información, aún no están al tanto de la nueva propuesta y de los peligrosos alcances de la misma. En mi país, Argentina, el programa ESI (programa de Educación Sexual Integral) vigente desde el 2006 para todas las escuelas con cursos de educación sexual, se construyó sobre la base de la «perspectiva de género» y en los demás países de la región está sucediendo lo mismo.

Creo que debemos interiorizarnos de esta «perspectiva de género» y buscar la forma como comunidad juvenil, iglesia o familia, de hacer nuestro aporte sobre lo que Dios piensa y formar a nuestros hijos bajo esa perspectiva.

CAPÍTULO 4

Ley de
IDENTIDAD DE
Género

A modo de estudio de caso y sabiendo que leyes similares se han discutido y se seguirán discutiendo en distintos países de Hispanoamérica, te propongo en este capítulo analizar la Ley de Identidad de Género N° 26.743, promulgada en Argentina el 23 de mayo de 2012, luego de varios años de controversia.

Si bien es una ley particular para la Argentina, quienes la impulsaron (el movimiento LGTBIQ+) forman parte de una agenda mundial en la que tratarán de imponer leyes similares en cada uno de nuestros países y por esta razón, creo pertinente entender el alcance y hacer una observación crítica paciente.

Ya estuvimos explicando que la identidad sexual hace referencia a los rasgos de índole sexuales biológicos y anatómicos, donde solo hay dos posibilidades de expresión: macho o hembra de la especie. En cambio, el concepto de identidad de género es introducido para hacer referencia a las múltiples características psicológicas que podría haber en la expresión de dicho sexo anatómico. Dicho de otra forma, la identidad de género contempla todas las formas en las que una persona se define internamente (pensamientos, sentimientos y atracción sexual) pese a que posea o no un perfil biológico en sintonía con ese sentimiento interno. Si bien el concepto más puro de la identidad de género puede ser aplicado, aunque no haya una diferencia entre el sexo biológico (identidad sexual) y el sexo psicológico (identidad de género), esta ley ha sido pensada casi exclusivamente para casos en donde haya una discrepancia entre una y otra y esta quiera ser resuelta legalmente.

LA LEY EN ARGENTINA

En la Ley de Identidad encontraremos lo dicho anteriormente, pero quisiera que veamos algunos artículos particulares de esta ley:

El Artículo 1: establece el derecho de la identidad de género, o sea que toda persona tiene derecho, según esta ley, a: 1) reconocimiento abierto de su identidad, 2) libre desarrollo de su persona conforme a su identidad de género y 3) ser tratada de acuerdo con su identidad de género y ser identificada de ese modo en los instrumentos que acreditan su identidad respecto de los pronombres, imagen y sexo con los que allí es registrada. Dicho de otra forma, en la cédula de identidad, pasaporte y demás documentos personales, ya no se agregará con qué sexo nació o qué nombre le puso su familia, sino lo que cada persona «sienta» que es. Quedaría abierta también la posibilidad hasta de cambiar el acta de nacimiento, haciendo casi imposible verificar el sexo biológico de nacimiento de una persona.

El Artículo 2: establece que la identidad de género es la vivencia interna e individual del género tal como la persona lo siente, la cual puede o no corresponder con el sexo asignado al momento del nacimiento y que puede involucrar la libre elección de la modificación de la apariencia o la función corporal a través de medios farmacológicos, quirúrgicos o de otra índole. Esto significa que una persona puede operarse o tomar hormonas para cambiar su funcionamiento físico/biológico según lo que crea que es. Es importante destacar que en esta ley la libre elección de la figura corporal está por sobre la salud física y/o mental, ya que en ningún momento el artículo hace mención a los riesgos de salud o psicológicos que podría acarrear dicho cambio.

El Artículo 4: establece los requisitos en el trámite del cambio de identidad. La simple presentación de un papel con la solicitud sería suficiente para dar curso al cambio legal de la identidad sexual, sin mediar ninguna exigencia o acreditación de que ese cambio sea psicológicamente maduro, de que se está obrando de buena fe o de que sea como resultado de estudios físicos y psíquicos específicos que avalen el cambio. La simple expresión del deseo de ese momento basta para hacer efectivo el cambio. No se indaga sobre la veracidad, seguridad, madurez o autenticidad del pedido de cambio de identidad.

Importa solo el *deseo* en ese momento, no el porqué del cambio ni tampoco si el mismo se encuentra justificado.

Artículo 5: en cuanto a la edad para realizar el trámite, los mayores a partir de los 18 años podrán iniciarlo cuando lo deseen. En el caso de los menores, este artículo contempla que un menor, sin importar la edad (da lo mismo si se trata de un niño de dos o tres años, o un preadolescente de 14), puede pedir el cambio de sexo con consentimiento de sus padres o tutores. Sin embargo, en el caso de que el padre se niegue a hacerlo, el menor puede hacer el pedido a un juez, dejando a los padres como meras entidades testimoniales, volubles y relegadas, frente a los deseos subjetivos de un menor que, muy probablemente, no tenga la madurez psicológica que dicha decisión amerita. Esto es absurdo y descabellado comparándolo con que, por ley, un menor de 16 años no puede votar justamente por esa inmadurez... pero esta ley en particular ¡le da voz y voto sobre su propia identidad! Absurdo y peligroso por donde se lo mire.

Artículo 8: si bien en este artículo se establece que la modificación del primer cambio de sexo podrá ser realizada solo con autorización judicial, por lo dicho en el *Artículo 1, inciso b:*

«Toda persona tiene derecho al libre desarrollo de su persona conforme a su identidad de género», entendemos que la intervención de un juez para rectificar el nuevo cambio no sería impedimento alguno para realizarlo. Con solo citar ese inciso, el juez debería aprobar sin contemplaciones un nuevo cambio sexual, y así sentar un precedente jurídico que anule cualquier cantidad máxima de cambios de identidad que se pueden tener. Es importante notar que en esta ley tampoco se impone un límite, ¡por lo que una misma persona podría cambiar de sexo una vez por mes sin que nadie pueda impedírselo!

PERJUICIOS COLATERALES DE ESTA LEY

Tiempo atrás participé de un foro donde se exponían los alcances de esta ley y su impacto en el mundo real (sociedad, legislación, psicología, etc.) y aquí te comparto lo que aprendimos para que podamos tener algunos argumentos útiles al momento de pensar y opinar sobre los perjuicios colaterales que leyes como estas pudieran acarrear en nuestros países.

En el ámbito del deporte

Si un hombre hace el cambio de identidad para ser mujer, tendría ventajas deportivas al inscribirse en deportes femeninos. Es innegable que en una amplia variedad de deportes el hombre es superior físicamente a sus contendientes femeninos. Imaginemos por un momento que un hombre se anota como mujer en boxeo: ¿no sería eso una trampa deportiva por las ventajas físicas que conlleva? ¿No sería también un peligro para la mujer que participa en contra de ese hombre burocráticamente transformado? Y conste que el cambio puede ser realizado sin ánimo de mal (un hombre que realmente se sienta como mujer y desee competir, deberá hacerlo por el lado femenino, pero de todas formas tendrá ventaja al no ser biológicamente mujer), o con toda la intención del mundo de usar la ley en su propio beneficio (recordemos que no se piden ni siquiera razones o pericias psicológicas para el cambio). Si lo que busca la ley es eliminar la percepción del sexo, deberían también quitar la categorización sexual deportiva.

En el ámbito carcelario

Otra vez se presenta una ventaja física y psíquica injusta. Aquí, un hombre podría cambiar su sexo (antes de ingresar al penal, y hasta en ese mismo lugar) y pasar a cumplir condenas en pabellones dedicados exclusivamente a mujeres. No solo tendría un «mejor pasar», sino que podría utilizar su ventaja para convertirse en un líder violento dentro del penal. Y no olvidemos el peligro que conlleva un malviviente varón suelto en un pabellón repleto de mujeres. ¿Y si el delincuente es un agresor sexual? ¿No tendría la posibilidad de serlo y ser derivado con su nuevo DNI a un lugar colmado de sus objetos de deseo? Recordemos que, aunque algún juez intente impedírselo, el interesado puede ampararse en la ley que protege su deseo personal disfrazado de derecho a la identidad. Otra vez, la ley deja más contradicciones y perjuicios que los beneficios virtuales que dice aportar.

En el ámbito jurídico

Si un golpeador (o asesino) quisiera cambiar su género sexual para eliminar así la figura jurídica de violencia de género, podría hacerlo sin problema dado que la Ley de Identidad de Género pretende ser un «derecho inalienable».

En el ámbito matrimonial

Supongamos que un varón desee tener una vida tradicional (casarse, tener hijos en pareja, nietos, etc.) con su pareja; pero dicha compañera puede ser un hombre transformado en mujer, que decida esconderle su sexo biológico al varón (la ley permite esto). Entonces, el cónyuge tendrá problemas de base que serán incompatibles con sus deseos de pareja y familia. El deseo propio de una sola persona, termina perjudicando al del contrayente opuesto, y también a toda su familia. En la puja por dos deseos autopercibidos, la ley le da el beneficio primario al que oculta la información adrede. Y para intentar un blanqueo, este debe ser con un juez de por medio (con el amparo del artículo 9), una vez que el daño (psicológico, institucional y económico) ya se ha producido.

En el ámbito social

Imaginemos que un violador de mujeres bien podría pedir el cambio de sexo para tener acceso fácil e irrestricto a baños femeninos. Lo mismo sucedería en los probadores de ropa en una tienda de mujeres donde a un hombre autopercibido como mujer, pudiera estar dándole rienda suelta a sus perversiones sexuales (no olvidemos que no es necesario aval psicológico, por lo cual el que pide el cambio puede ser, virtualmente, cualquier cosa). Otro caso en este mismo sentido sería la situación de que nuestros niños en jardines de infantes (tres a cinco años) tengan una maestra (autopercibida mujer), pero con barba, voz grave y pelo en el pecho (por ser biológicamente varón). ¿Cómo le hace entender a ese niño que se trata de *la* «señorita maestra»? ¿Cuál sería la formación que ese niño recibiría sobre la sexualidad con semejante mensaje opuesto a lo que ve en realidad con sus propios ojos (teniendo en cuenta que psicoevolutivamente el método de aprendizaje es por identificación e imitación)? Estos niños pueden copiar ese patrón y pedir: «quiero ser del otro sexo». Recuerda que está contemplado en la ley, no hay mínimo de edad y tampoco importa lo que los padres quieran. ¿Qué seguridad se espera que puedan tener los padres al dejar que esa mujer, por ley, acompañe a un baño a su hijo? ¿Qué tipo de modelo se le impone al niño a tan corta edad?

En el ámbito de la medicina

En un examen médico siempre se tienen en cuenta no solo los síntomas por los que la persona acude a la consulta, sino también las probabilidades basadas en edad y sexo. Pero si el médico no tiene acceso al sexo real sino al autopercibido por el paciente (ni siquiera mirando su documento puede saberlo), puede diagnosticar o buscar patologías donde no hay chances de que existan. Enfermedades como cáncer de colon, cáncer de mama, endometriosis, dismenorrea, embarazos, problemas nutricionales, osteoporosis, fibromialgia, bocio, adenopatías, cardiopatías y miles más, pueden ser mal diagnosticadas y tratadas en base a esos falsos datos de género. Aun peor sería en caso de urgencia extrema, en donde el paciente tal vez no pueda comunicar su «sexo real». Los juicios por mala praxis también se verían aumentados por este tipo de factores.

En el ámbito de las estadísticas

Las estadísticas basadas en el sexo también tenderían a fallar al tener que contemplar tanto al sexo real como al autopercibido como únicos. Los datos de censos nacionales también arrojarían discrepancias, pudiendo cambiar enormemente cifras sobre sexo de una edición a la siguiente, y lograrían proyecciones falsas que impactarían en muchísimos sectores.

CAPÍTULO 5

Rol de la Familia
EN LA FORMACIÓN DE LA
Identidad Sexual y la elección de Pareja.

Mi mamá, también psicóloga de profesión, escribió hace casi cuatro décadas las siguientes afirmaciones que son increíblemente vigentes hoy:

«Al estudiar la familia no podemos separarla del contexto social que la rodea. Ella está inmersa en la sociedad, de la que recibe fuerte influencia con cambios que operan a un ritmo tan veloz que demandan una permanente reestructuración. Los problemas que aquejan a la sociedad los sufren las familias. Es innegable que nuestra sociedad está en crisis en lo educacional, moral y religioso, expresada en el enfrentamiento de los valores «tradicionales» que sustentaron la conducta humana, y los «nuevos» valores que sostiene nuestra cultura. Este conflicto que llega a la familia presiona sobre la misma; se hace expreso en las dificultades de relación entre sus miembros, ensancha la brecha comunicacional entre padres e hijos, socava las bases de la *estructura familiar y debilita la autoridad de los padres sobre los hijos. No podemos negar que la tarea de educar a nuestros hijos no resulta fácil de ejercer. Es por eso que hoy, más que nunca, la familia por su proyección requiere mantenerse como el principal lugar de equilibrio psicosocial continuo y trascendente. Hoy, más que nunca, la familia cristiana enfrenta un desafío ante la sociedad: el de mostrar los valores que constituyen su fundamento. Debe y puede mantenerse como un centro de salud emocional entre sus miembros. Esta tarea puede desarrollarla, sobre todo, porque cuenta con la protección de Dios para hacerlo, el cual le dará también las fuerzas para cumplirla».*

Es evidente que en la actualidad se ha agravado la situación social imperante, en una Latinoamérica que desconoce los principios morales absolutos y deja a la familia desprotegida como institución, en especial por aquellos que tienen el deber de hacerlo.

En la Declaración de los Derechos Humanos (art.16-I) y en el Pacto Internacional de Derechos Civiles y Políticos (art. 23-I), se define a la familia como el elemento natural y fundamental de la sociedad y tiene derecho a la protección de la sociedad y del Estado.

Lejos de eso, la familia hoy se ve expuesta a fuerzas culturales que representan un claro ataque a la institución familiar. Hay evidentes indicadores de fuerzas destinadas al debilitamiento de su estructura, ataques implícitos y explícitos contra su integridad:

1. La tendencia cada vez mayor de un número de mujeres, en general destacadas socialmente, que se proponen ser madres, pero no formar un hogar, ni convivir con el padre del niño (quien solo es considerado en este caso como el dador necesario de la célula fecundante).

2. El número creciente de jóvenes que deciden vivir juntos sin compromiso a largo plazo y «mientras dure el amor».

3. El intento de legalizar el aborto, ya aceptado en varios países y movilizado sobre todo por el Movimiento Feminista en su febril necesidad reivindicatoria del rol de la mujer, argumentando que uno puede hacer lo que quiera con su cuerpo, olvidando que en su interior es portadora de una vida individual que merece ser respetada. Esta posición pro aborto es exponente de la cultura de la muerte que se enfrenta con la cultura de la vida.

4. Los «nuevos tipos de familia», la aceptación de las uniones homosexuales que pretenden igualarse con las heterosexuales. El activismo gay, que avanza a nivel mundial a un ritmo impensado, llegando a influenciar decisiones gubernamentales, cambiando patrones culturales y principios Escriturales.

5. El nuevo concepto de «género» que aparece en los programas de educación sexual, intentando dejar de lado la determinación biológica de masculino y femenino, queriendo establecer nuevos géneros desde la perspectiva socio cultural (cinco géneros en lugar de dos).

6. El intento de clonación con seres humanos que reemplaza la unión de las células reproductivas por la «copia» de otro ser en la creación de nuevas vidas.

Frente a tantas presiones ideológicas, la familia como institución navega en aguas peligrosas y es necesario arbitrar todos los medios para salvarla del naufragio, promoviendo proyectos que orienten a los padres para el ejercicio de las funciones que les corresponden.

EL ARGUMENTO DEVIDA

A lo largo de mi tarea pastoral y profesional he encontrado muchas teorías sobre la familia y su funcionamiento, pero el hallazgo más útil que he hallado para describir de una forma simple y directa el funcionamiento de una familia lo aportó el Dr. Eric Berne, al elaborar su teoría sobre el «Argumento de vida».

Me gustaría continuar este capítulo utilizando las ideas del Dr. Berne y encontrar algunas verdades para aquellos que tenemos familias cristianas y estamos comprometidos con la formación de la identidad (sexual en particular y de la identidad en general) de nuestros hijos.

La familia es, para el niño, la primera educadora en todo. La familia tiene el poder de *educar*, formar y orientar a cada miembro del grupo en lo que considera sano, justo y valioso. Podríamos pensar este proceso de educación como un plan o programa que el niño incorpora durante su infancia, a través de la convivencia con sus padres o figuras sustitutas, y que tenderá a influenciar las decisiones más importantes de su vida.

La familia es, para el niño, la primera educadora en todo. Tiene el poder de educar, formar y orientar a cada miembro del grupo en lo que considera sano, justo y valioso.

Los niños, a lo largo de su desarrollo, «graban» dentro de sus cabecitas un libreto o «argumento de vida», como si fuera el guion de una obra de teatro inconsciente que los guiará durante toda su vida. Es como aprenderse inconscientemente y de memoria una obra de teatro titulada: «*Mi vida: qué y cómo hacerlo*».

El «argumento» es un marco de referencia que sirve para tomar decisiones, para proporcionarnos una identidad; influye en cómo pensar, qué sentir, qué orientación sexual tener, así como también en la vocación hacia alguna tarea, en el significado y la elección de la pareja; es una guía en la elección de los amigos; indica dónde se está parado ante una situación, etc.

Este proceso de aprender un «guion de vida» se produce en todo individuo que crezca dentro de un contexto social, familiar o grupal. Cada miembro lleva dentro de él un programa que incluye su propio papel a cumplir y el papel que cumplen todos los demás, incluyendo el rol de Dios. Desde el Antiguo Testamento vemos cómo Dios ha encomendado a la familia el rol de formación e influencia sobre las generaciones en formación. En Deuteronomio 31Dios hizo que Moisés escribiera un cántico que el pueblo de Israel oiría por generaciones: Su palabra debía ser transmitida de generación en generación y de boca en boca. En Deuteronomio 5:9 afirma que

Dios «conoce» la maldición que se influencia hasta la tercera y cuarta generación. Es que no existe otro lugar más poderoso para formar a un niño, tanto para bien como para mal, que el núcleo familiar.

Esta posibilidad de influenciar a nuestras generaciones siguientes es el más maravilloso regalo que Dios nos ha dejado para utilizarlo en forma responsable y adecuada, pero lamentablemente hemos perdido la profundidad de esta realidad y se nos pasa por delante de nuestras narices la más potente y grandiosa responsabilidad que tenemos como adultos: la formación de nuestros hijos.

Esta posibilidad de influenciar a nuestras generaciones siguientes es el más maravilloso regalo que Dios nos ha dejado para utilizarlo en forma responsable y adecuada.

La función primordial de la familia es darle a cada miembro lo que necesita para avanzar: educación, amor y seguridad en las áreas física, intelectual, social y espiritual.

EDUCACIÓN, formación, orientación. La familia es la primera educadora para el niño, primera en el tiempo, primera en el espacio, primera en significación. *Educar* no es *domesticar*: es mirar las potencialidades particulares de cada hijo y procurar que se desarrollen. No se educa a todos los hijos por igual, cada hijo tiene sus propias características personales que deben tenerse en cuenta en el momento de su formación.

AMOR, que no excluye la presencia de límites. El amor real a un hijo tiene en cuenta la disciplina. El estímulo amoroso entre sus miembros permite un sano desarrollo emocional de los mismos.

SEGURIDAD. Los vínculos familiares deben ser fuente de seguridad y contención frente al medio. Se debe desarrollar una sana autoestima en sus miembros que facilite el desarrollo adecuado de cada uno.

EL APORTE DEL COMPLEJO EDÍPICO

La psicología ha demostrado la marcada influencia de los lazos establecidos con los padres desde la más temprana infancia, tanto para la identificación sexual del niño como para su futura elección de pareja.

Si bien mi orientación psicológica profesional no es psicoanalítica, creería que el aporte de las obras de Sigmund Freud nos ayudará a tomar un probado marco científico para explicar el desarrollo de la identidad sexual. Luego seguiremos con otras corrientes de pensamiento que nos agregarán más información útil y necesaria al momento de formar a nuestros hijos.

Aunque el proceso edípico y su culminación y la aparición del súper yo han sido objeto de muchas críticas por destacadísimos escritores, pretendo hacer aquí una revisión básica y sencilla sobre este proceso, y quedarnos con la esencia fundamental del rol del padre y de la madre durante la formación de la niñez de los hijos.

En los distintos textos de Sigmund Freud, y posteriormente en la lectura que de ellos hace Jacques Lacan, se demuestra cómo el niño nace en un estado de indefensión y dependencia de sus padres, y cómo a partir del amor, alimento, abrigo, contención y cuidado de ellos, podrá estructurar su psiquismo y desarrollar una sana identidad.

Es innegable la importancia que ejerce en esto el proceso conocido como «complejo de Edipo» ya que este es el punto inicial de su formación sexual y de la actitud que tomará en su vida adulta ante la sociedad.

Es sabido por todos que cuando el niño nace (varón o mujer) su primer vínculo lo establece con su mamá, o en términos psicoanalíticos, con el «pecho materno». Al principio el niño no sabe que es un ser diferenciado de su madre, ya que con ella forma una verdadera simbiosis, una unión indisoluble por la cual recibe la satisfacción de necesidades primarias tanto biológicas como emocionales.

Desde la óptica psicoanalítica, el lugar del tercero lo desempeñará el padre. Su presencia y su palabra, a partir del primer año del hijo, efectuará un corte en el vínculo simbiótico de la madre y el hijo. En ese primer año, más allá de que la presencia del padre haya estado desde el nacimiento acompañando a la madre en todo lo concerniente al hijo, la existencia

del padre se irá haciendo cada vez más trascendente para la formación de su identidad. Su presencia
se tornará más experimentada para el niño a partir
de que el padre comience a marcar los espacios y
los roles de cada uno, ubicando lugares posibles
para la mamá, el bebe y él mismo; desarrollando
más visiblemente su rol de esposo protector para
la madre y colaborando en el orden para la convivencia, estableciendo normas con respecto al niño
y los roles particulares de ese hogar. De este modo,
el padre se establecerá como el referente de la ley,
gracias a la cual se irá configurando la separación
del vínculo entre el niño y la madre. Esto no significa que el padre debe ser un policía o un juez malo, o
un dictador, sino que, a ese vínculo único, necesario
y «mágico» entre mamá y niño, le será necesario
que aparezca el padre con mucho amor, ternura y
claridad, marcando los inicios de la necesaria «individuación» del niño. De esta manera lo estimula a
entender que es un ser diferente a su madre y que
necesita formarse como tal, motivándolo a vincular-
se con el mundo que lo rodea más allá de su madre;

le muestra, si todo funciona bien, el inicio del camino para ser un individuo autónomo. Así se irán

escribiendo en la psiquis del infante las grandes conceptualizaciones de la psiquis adulta, las diferencias entre placer (displacer, satisfacción, frustración), y aprenderá a tolerar, no sin angustia, las ausencias de la madre.

El proceso edípico transcurre entre los dos y los cinco años. Obviamente, en el principio del mismo el niño difícilmente estará a gusto o feliz con esa angustia que traerá la separación del vínculo con la madre, y experimentará sentimientos un poco hostiles hacia el progenitor del mismo sexo, pero poco a poco eso se irá acomodando, si es que el padre da inicio a la satisfacción de nuevas necesidades que el niño irá desarrollando. Si junto a la presencia del padre en la escena del niño también están presentes el amor, el juego, el tiempo de calidad y el acompañamiento en sus actividades infantiles, el padre se irá haciendo más importante en la psiquis del niño y comenzará a ser una figura referente e identificatoria que modelará la vida del niño: lo idealizará, lo imitará, querrá ser como el padre. Al término del proceso edípico los niños tendrán un sano vínculo con ambos padres. Se habrá producido una gradual y beneficiosa separación de la madre y se habrá incorporado al padre como figura identificatoria necesaria para la positiva formación de la identidad sexual del varón.

De la misma manera, aunque en forma un poco más compleja, sucederá con la niña en la elaboración de este complejo. La niña pasará de su simbiosis materna a la separación de la misma a través de la incorporación de la figura paterna a la escena y formación. El padre, de la misma forma que lo vimos con el niño, impulsará la angustia de la separación y provocará la formación de la individuación. Si la aparición del papá/hombre en la escena de la niña está envuelta de amor, juego, expresiones de cariño, de felicidad por tener una niña mujer como hija, y si el padre es nutritivo y disfruta pasar tiempo con su hija, provocará una admiración de la niña hacia su padre y a la vez una competencia por la conquista del padre/hombre con su madre. En esta positiva tensión o competencia con su madre/femenina/mujer frente al hombre/masculino/padre se irá forjando la identidad femenina de la mujer. Imitará a la madre para conquistar al padre. El padre será promotor de la identidad y autoestima femenina de la niña. La mirada del padre significa la primera mirada masculina que se hace sobre ella.

La función de ambos padres es fundamental en el proceso de identidad sexual de los hijos: fundamental en el proceso de las fantasías edípicas del hijo (hombre o mujer). Es necesario que desempeñen bien sus roles y que aporten límites claros para con sus hijos, complementándose para satisfacer las necesidades de los hijos.

El trato entre ambos padres condicionará también la elección de pareja que los hijos realizarán en el futuro; la forma en que se tratan en el día a día será el modelo identificatorio de hombre y mujer tanto para la formación como para la elección de pareja. ¡Serán los primeros modelos! El rol del padre y la aceptación, cuidado y respeto que haga de la madre (y viceversa) dejarán huellas en la estructura psíquica del hijo.

El trato entre ambos padres condicionará la elección de pareja que los hijos realizarán en el futuro.

Si bien hay diferencias en la forma en que los varones y las niñas atraviesan el complejo edípico, siempre se verá que esas huellas psíquicas iniciales se reactualizarán en la pubertad y adolescencia o, como diría Pamela Levin en su libro sobre las etapas del desarrollo (autora que recomiendo leer), en la adolescencia se reciclará lo aprendido durante la niñez y se afirmara una identidad sexual y el estilo personal de trato con el sexo opuesto.

El psicoanálisis considera que a los cinco años se resolvería el complejo edípico dando paso a la constitución de la instancia psíquica del súper yo (norma internalizada en la psiquis), marcada principalmente por la presencia del padre (representante de la ley), la cual ya no solo está visiblemente en la vida del niño, sino que está incorporada en su mente como lo que sí se puede hacer y lo que no se puede hacer. El niño incorpora así el concepto de prohibición y de tolerancia a la frustración, indispensable para la vida adulta pero de difícil y lento aprendizaje.

Freud en sus «*Nuevas Lecciones Introductorias al Psicoanálisis*», en 1932, expresa: «El establecimiento del súper yo, puede considerarse como un caso de identificación lograda con éxito con la instancia parental».[15] Identificación no solo con los roles de los padres sino con todo lo que ellos supieron transmitir al hijo para que luego sea internalizado por este: los juicios de valor, la mirada sobre el mundo, los preceptos morales, etc., o sea la identificación del pensar, sentir y hacer.

Complementando la idea de Eric Berne, diremos que antes de los ocho años los niños asimilan, por imitación o complementación de las figuras parentales, los roles que luego tenderán a actuar.

Estos roles se aprenden en la infancia, se ensayan en la adolescencia y se actúan en la adultez.

La potencia del argumento está en que pueden cambiar los actores, pero los roles se mantienen y se reproducen. El padre, madre o personaje de identificación puede no estar más, pero los roles aprendidos de esa figura se intentarán aplicar a lo largo de la vida.

Cada personaje tiene «mandatos parentales» (grabados generalmente de formas no verbales y no conscientes); tiene un guion que cumplir. Este mandato fue grabado por imitación (lo que nuestros padres hacían) o por complementación (lo que ellos no hacían). Estos mandatos condicionarán los diferentes aspectos de la vida: vivir, crecer, pensar, sentir, disfrutar, ser uno mismo, hacer, tener éxito, elegir su trabajo y pareja, etc., y podremos rastrearlos por lo menos hasta en tres generaciones atrás.

CAPÍTULO 6

Tips para Padres y
LÍDERES EN LA FORMACIÓN
de la Identidad
de los Niños

Como ya lo hemos comentado, la identidad se construye a lo largo de toda la vida. Sin embargo, la infancia, los primeros años de la vida, son cruciales para afianzar una base sólida de la personalidad. Existe una norma genética que marca al feto como macho o hembra, pero para que cristalice como tal, se necesita del entorno adecuado a partir del nacimiento. Nos identificamos como hombres o mujeres siguiendo un proceso evolutivo donde el aprendizaje cobra un importante papel. Lo genético (macho – hembra) más lo ambiental (padres, familia, amigos, colegio educación, experiencias sexuales, etc.), determinarán nuestra evolución psicosexual y darán lugar a la identidad sexual.

¿Cómo se consigue esto? Con una educación basada en potenciar la autoestima del niño, en afianzar sus seguridades y en desarrollar la confianza en sus posibilidades a través de una personalidad sana y de valores firmes de los padres o educadores.

La identidad sexual se consigue con una educación basada en potenciar la autoestima del niño y en desarrollar la confianza en sus posibilidades.

Más allá de una acción directa ejercida por el ejemplo y los procesos educativos implementados, existe una influencia más profunda que se recepciona en el plano inconsciente del aprendizaje y sin que necesariamente los padres lo perciban. Nos referimos a los mecanismos de identificación que operan en el niño.

Los primeros años de la vida son cruciales para afianzar una base sólida de la personalidad.

Los primeros años de la vida son cruciales para afianzar una base sólida de la personalidad.

Decimos que es un aprendizaje y distinguimos dos tipos del mismo:

El consciente voluntario en el que el sujeto se propone aprender.

El inconsciente donde se aprende sin proponérselo. Este se genera especialmente en la estructura familiar.

Hay identificaciones en el plano del sentimiento, del pensamiento, en la forma de ver la vida, etc. Estos mecanismos de identificación operan en el plano profundo de la personalidad.

CÓMO AYUDAR A LOS NIÑOS

Como decíamos anteriormente, las primeras etapas de la formación en los niños son críticas para la constitución de una personalidad sana. Una personalidad sólida y segura consiste en una identidad madura y confiada, que ha recibido cariño, reconocimiento, corrección y orientación; que respeta la autoridad, sus derechos y los derechos de los demás; asume sus propias responsabilidades, soporta la frustración y es capaz de estar satisfecho de sus logros personales. Si me pidieran que eligiera una única variable para la formación de la identidad saludable en el niño, sin dudarlo diría que trabajemos en su autoestima. Si me pidieran predecir el comportamiento de una persona en la mayoría de las situaciones que pudiera enfrentar, solo pediría la puntuación de su autoestima y con ella podría determinar con bastante precisión cómo se desempeñaría en el resto de las áreas.

La autoestima se origina básicamente en los primeros años de la vida, en la interrelación con las conductas de los padres o sustitutos (origen exógeno en la infancia).

Quienes tienen autoestima alta presentan niveles más altos de adaptación en conjunto que quienes tienen autoestima baja. La gente con adecuada autoestima es menos ansiosa en una variedad de situaciones, y es menos propensa a estar deprimida, irritable o agresiva.

Las personas que tienen autoestima baja son más propensas a tener sentimientos de resentimiento, enajenación e infelicidad. Las que tienen autoestima baja también son más propensas a experimentar insomnio y síntomas psicosomáticos.

No es posible disfrutar de una pareja adecuada o lograr éxito en un trabajo o proyecto sin un mínimo de autoestima. Nuestra autoestima es especialmente propensa a mostrarse en nuestras relaciones con otras personas. Las personas que se sienten bien consigo mismas tienen tendencia a que los demás les caigan bien y a aceptar sus flaquezas. A causa de sus sentimientos genuinamente positivos y de su aceptación hacia los demás, estas personas tienden a resaltar lo mejor en quienes los rodean. Un cliché que contiene más que un vislumbre de verdad es que «una persona que se siente bien consigo misma hace que las otras personas se sientan bien consigo mismas».

Así, si deseamos que nuestros niños lleguen a tener una adecuada autoestima y que se conviertan en adultos felices y seguros de su identidad sexual, tendremos que trabajar en la construcción de una sólida base de su personalidad, fundamentalmente durante los primeros años.

CUATRO TIPS FUNDAMENTALES:

1. Los adultos somos el modelo de referencia a seguir

El nivel de nuestra madurez será el nivel con el cual influenciemos la vida de los niños. El adulto que pongamos delante del niño será el espejo donde este se refleje y aprenda quién es él, quién es el otro y cómo debe ser su vida. Como ya hemos visto, conformará su argumento de vida.

En esta etapa, mucho más importante que conocer cuánto sabe el docente o maestro de la clase bíblica, es saber *quién es* y *qué tan maduro* es ese maestro. En nuestras iglesias, en la mayoría de los casos, actuamos exactamente al revés: ponemos delante de la clase de los niños a los más inmaduros, total... «son niños».

¡¡¡Qué acción tan ignorante!!! Es exactamente en esta edad donde se graban los fundamentos de su identidad y donde debemos poner los modelos más maduros y seguros en su roles masculinos y femeninos que tengamos. Así, en la medida en que nosotros (padres y maestros) afrontemos la vida con seguridad en nuestro rol de género, asumamos nuestras responsabilidades, respetemos a los demás y resolvamos nuestros problemas con fortaleza, así lo repetirán ellos.

2. La imagen que tienen y tendrán en el futuro acerca de sí mismos dependerá de la imagen que los adultos proyectemos en ellos

Existe un experimento clásico y muy conocido donde Robert Rosenthal y Lenore Jacobson evidenciaron cómo las expectativas del profesor afectan y condicionan la evolución académica del alumno, conocido como el efecto Pigmalión.

Robert Rosenthal y Lenore Jacobson seleccionaron estudiantes en una escuela primaria, después de realizarles una serie de tests de inteligencia, y les indicaron a sus profesores que, debido a las altas capacidades de los alumnos elegidos, tendrían grandes mejoras académicas durante el curso.

Ocho meses más tarde, estos científicos regresaron a evaluar la evolución de estos estudiantes sobresalientes. Los resultados académicos y las mediciones de los tests realizados demostraron que el rendimiento de los alumnos elegidos durante el curso había mejorado considerablemente.

La sorpresa fue que estos científicos le confesaron al profesor que los alumnos seleccionados no eran los más brillantes, sino que solo habían sido elegidos al azar.

En el aula se dio lo que se conoce en psicología como profecía autocumplida, es decir, las creencias del profesor acerca de las capacidades de sus alumnos originaron conductas que el mismo profesor esperaba.

No solo las expectativas positivas o negativas del docente pueden afectar al comportamiento del alumno, sino que, además, pueden afectar al nivel intelectual del mismo.

El propio Rosenthal considera cuatro factores determinantes que permiten explicar cómo las expectativas del profesor pueden transmitirse a los alumnos y cómo esto puede provocar un mayor desarrollo.

Vamos a aplicar estos mismos principios para pensar en acciones concretas que ayudarán a nuestros niños a formarse con una identidad clara y sólida.

Entonces, ¿qué podemos hacer para proyectar la mejor imagen de ellos mismos?

A. GENERAR UN CLIMA EMOCIONAL MÁS CERCANO

No solo debemos buscar pasar más tiempo con los niños, sino que debemos procurar que ese tiempo sea de mayor calidad emocional. Debemos transmitirles seguridad y confianza en el alcance de sus propias metas. Esto principalmente se logrará mediante a la utilización de un lenguaje no verbal inconsciente que nos permita transmitir las emociones a través de gestos, expresiones faciales, tono de voz, miradas, sonrisas, etc., por lo que es clave y determinante lo que pensemos en nuestro interior acerca del niño, porque eso mismo proyectaremos. Esta comunicación no verbal constituye un complemento imprescindible del lenguaje verbal oral y permite al niño captar y reaccionar ante los mensajes transmitidos por los adultos.

B. TENER EXPECTATIVAS MUY ALTAS DEL NIÑO

Pon un diez en su cabeza.

No pongas etiquetas limitantes sobre su vida. No le digas cosas como: «Eres igualito a tu tío o a tu papá». No lo compares con su hermano.

Obviamente, acordes a la realidad, las expectativas basadas en la capacidad del niño hacen que el adulto se esfuerce más para explicar y acompañarlo en la tarea.

El adulto que más exige, más lo ayuda, más lo acompaña y más lo espera. Todo lo contrario ocurre cuando el adulto cree que el niño es poco inteligente. Refuérzale, dale feedback positivo en sus logros. Anímale en el camino del aprendizaje, confía en sus posibilidades.

C. PREGUNTARLES MÁS. OTORGARLES CONFIANZA EN SU RAZONAMIENTO

Cosas como: «¿...y tú como lo harías?». «¡Qué interesante!». «¡Qué respuesta tan inteligente!».

Enséñale a que asuma los errores como parte fundamental del aprendizaje.

Escúchalo atentamente y con mucho interés en la respuesta.

No lo interrumpas.

Ayúdalo presentándole respuestas alternativas.

Dale más oportunidades de respuesta y más tiempo para responder.

D. ELOGIARLOS MÁS

Cuanto más se cree en el niño, más se lo alaba para que pueda obtener el mejor resultado.

Si el adulto no cree en la capacidad del niño puede aceptar una respuesta incorrecta o incompleta.

Critica el comportamiento, no a la persona

3. Las normas y los límites los fortalecen

A través de límites claros les ofreceremos un contexto de seguridad y libertad para que ellos puedan ser niños con permiso a equivocarse, ya que tienen un adulto seguro a su lado que los corregirá y guiará a lo mejor. Es probable que este concepto esté en disonancia con gran parte de la sociedad, pero los límites claros en amor y cuidado darán a nuestros niños una personalidad más firme y libre. Por supuesto, en todos los entornos tienen que existir márgenes de flexibilidad que permitan desarrollar su creatividad e individualidad, pero los padres tienen que capacitar al niño para que pueda desarrollarse adecuadamente frente a la frustración, tolerando sus errores y volviendo a intentar la tarea de una forma mejor, aprendiendo de las equivocaciones y buscando mejorar. Esto, entre otras cosas, permitirá al niño madurar, guiar a otros y asumir roles sociales adecuados en el futuro.

4. El amor y el cariño los hacen fuertes

Muy en disidencia con la vieja idea de que si somos amorosos con los niños los haremos débiles y blandos, está demostrado que una fuerte dosis de amor y cariño expresada través de las caricias, besos y expresiones verbales de amor y halago, construirá niños con una batería emocional repleta de seguridad, capaces de dar amor y reconociendo a otros niños y adultos sin miedo a perder su cuota de amor y reconocimiento. La calidad emocional que recibe el niño repercute directamente en su autoestima. Ofrezcámosles afecto diario como parte del proceso educativo.

CAPÍTULO 7

Tips para Padres y
LÍDERES EN LA FORMACIÓN
de la IDENTIDAD de los
Adolescentes

«Un extraño de cara familiar». Con estas palabras describía un periodista a los «niños» que un día se sientan a la mesa y sorprenden a sus padres con una serie de conductas y actitudes novedosas, inusuales, «extrañas». En verdad **la adolescencia es una etapa difícil tanto para los adolescentes como para los padres** que tienen que hacer un «cambio de marchas» en la manera de relacionarse con sus hijos de esa edad.

Permíteme, antes de ir directo al punto de cómo ayudar en la afirmación de la identidad sexual de nuestros adolescentes, hacer algunas consideraciones sobre la adolescencia en general.

La adolescencia es una etapa maravillosa, no fácil para ningún integrante de la familia (padres, hijos, hermanos, abuelos) ni para los líderes de la iglesia o grupo de jóvenes que debe contenerlos. Me encanta pensar que la adolescencia se generaliza a todo el sistema social. Cuando un miembro de la familia entra en la adolescencia, toda la familia entra en la adolescencia también.

Los cambios físicos y biológicos constituyen la pubertad, o sea el aspecto físico de la adolescencia.

Adolescencia y pubertad no son sinónimos, ya que la adolescencia abarca no solo los cambios físicos, sino también los cambios psíquicos y los sociales.

La adolescencia es entonces una etapa que comienza en la pubertad (desencadenante biológico) y termina con un alto grado de madurez psicológica, social, emocional, sexual y espiritual, si es que tal cosa es alcanzada.

La pubertad tiene como objetivo la madurez reproductora: los niños y niñas se convierten en hombres y mujeres con posibilidad de engendrar y concebir. La adolescencia tiene como objetivo la reforma de nuestra característica biopsicosocial y espiritual, que hemos aprendido en nuestra niñez, para alcanzar la identidad clara, firme y madura de la adultez.

Es una etapa de aprendizaje y transición. Pero al mismo tiempo es *la* etapa donde se toman los aprendizajes y decisiones más maravillosos de la vida. No solo para el adolescente sino para su entorno también. Yo siempre digo que uno está más cerca de recibirse de padre, una vez que supera la adolescencia de su hijo.

Desde el punto de vista biológico, las modificaciones que tienen lugar en el organismo para que se alcance esa transformación física esperada son muy marcadas. Éstas no existen en ningún otro período de la vida, salvo en el nacimiento, donde se producen cambios tan profundos y a un ritmo tan intenso como en la pubertad.

Muchos escritores en medicina lo comparan con un segundo nacimiento.

El adolescente debe buscar un nuevo equilibrio, debe realizar lo que se ha llamado «el aprendizaje sociofisiológico», es decir, aprender a usar esos nuevos órganos, ese nuevo cuerpo y adaptarse a las nuevas funciones sociales: roles masculinos y femeninos.

Estas circunstancias son más complejas en la adolescencia que en la niñez. Así como en la niñez, los diversos aprendizajes de locución y deambulación (aprender a hablar y a moverse) también están presentes en la adolescencia, pero desde un reaprendizaje. Sin embargo, a diferencia de la niñez, donde el niño generalmentete es ayudado por los adultos y otros niños mayores, en la adolescencia muy rara vez será apoyado en su difícil aprendizaje, ya que en la inmensa mayoría de los casos los mismos adultos conexos ignoran que deban hacerlo. Bien se ha dicho que es simultáneamente actor y espectador del drama que se está desarrollando.

La gracia del niño se transforma en falta de gracia en el púber; la belleza en el niño se torna en desproporción en el púber. Y no solo por la aparición del acné en la frente, las mejillas, la espalda, sino por la desarmonía entre los distintos segmentos y partes del cuerpo: prolongación de los brazos, aumento súbito y desmedido de la nariz, aparición del bigote y del relieve de la laringe, alargamiento excesivo de los pies y las manos, alternancia de la voz aguda con la voz grave, aumento de la pelvis en la púber, aparición o aumento de la transpiración en las manos y las axilas (con sus frecuentes repercusiones olfatorias).

El proceso se complica, además, porque de hecho existe una escisión entre lo biológico y lo psicosocial, ya que lo primero madura antes que lo segundo, no existiendo paralelismo entre ambos. Esto es especialmente acentuado en el área sexual. El adolescente está maduro y apto para la reproducción, es capaz de engendrar o concebir un nuevo ser, pero no está capacitado psicosocialmente para ejercer esa función.

En el niño la evolución psicosexual es menos conflictiva que en el adolescente.

Las transformaciones psíquicas y las sociales se encuentran tan íntimamente ligadas entre sí que es conveniente verlas como un todo.

Por otra parte, debido a los profundos cambios en las relaciones del adolescente con los adultos vinculados a él y con sus pares, es indispensable tomarlo en relación con esos dos grupos y no aisladamente.

Para llegar a la madurez en lo psicosocial, el adolescente debe alcanzar ciertos logros:

* Independencia interna de las figuras parentales, manteniendo con ellas lazos afectivos positivos.
* Una clara identidad sexual.
* Ajuste o adaptación a las normas sociales vigentes.
* Desarrollo de criterios propios.
* Capacidad de realizar una labor positiva en el medio en que actúa.

Este proceso es muy complejo y difícil de cumplir por el adolescente, quien se encuentra en plena transformación y en medio de una sociedad también en constante cambio.

En este proceso de adaptación son habituales los conflictos con los símbolos de autoridad, representados principalmente por los padres. Los sentimientos hacia ellos están cargados de ambivalencia. Por una parte, el adolescente desea independizarse, ser libre y autónomo, pero por otra, siente una profunda necesidad de protección y teme asumir responsabilidades. Esta ambivalencia es dual, ya que los padres también luchan con sentimientos encontrados: desean el crecimiento del hijo, pero temen perder su ascendencia sobre él. Les exigen la asunción de responsabilidades, pero no les otorgan la libertad que esto implica.

El adolescente desea independizarse, ser libre y autónomo pero por otra parte, siente una profunda necesidad de protección y teme asumir responsabilidades.

Y como si esto fuera poco, en medio de todo este lío, inicia un proceso muy complejo para el ego de los padres y para la formación de la identidad de los hijos: el adolescente inicia el cambio de figura de idealización. Deja la idealización de las figuras parentales (papá, mamá o sustitutos) y traslada su identificación como modelo y referente a otros adultos, del mismo sexo o del sexo opuesto, distintos a sus padres. A medida que se separan de sus padres, los adolescentes desplazan su dependencia a personas y grupos extrafamiliares. Para los que estudian, la escuela con sus alumnos y maestros constituye un grupo significativo. Para aquellos que trabajan, lo es el núcleo laboral, compañeros de trabajo, patrón, etc. Para aquellos que estén identificados con el grupo de adolescentes de la iglesia, lo será un líder o la figura que desarrolle empatía con el adolescente. El tipo de relación que así se establece es trascendente.

El nuevo líder tendrá la oportunidad de influenciar a los adolescentes en una etapa en la que quizás los padres ya no tengan la misma influencia sobre ellos.

El líder tendrá la oportunidad de influenciar a los adolescentes en una etapa en la que quizás los padres ya no tengan la misma influencia sobre ellos.

Se configura así el culto de los héroes, representados tanto por líderes cristianos, profesores, campeones deportivos y artistas, como por rebeldes de todo tipo, tribus urbanas y hasta inclusive por los «fuera de la ley».

El adolescente sufre el duelo de sus padres infantiles, que, de ser omniscientes, omnipotentes, buenos y perfectos, pasan a ser algo cercano a lo ignorante, incapaz y lleno de imperfecciones.

Esta etapa es una gran oportunidad para la influencia de figuras positivas fuera del núcleo familiar. Se abre una gran oportunidad a los líderes de adolescentes para influenciar, reeducar y reprogramar lo aprendido por ese niño (convirtiéndose en adulto) hasta ese momento. Naturalmente el adolescente buscará redefinir su identidad tomando como ejemplos a imitar a otros adultos fuera de la familia; si el padre acompaña en un trabajo en equipo con este nuevo líder natural, podremos alcanzar una influencia positiva, la afirmación de las conductas deseables de la infancia y familia y el cambio de aquellas que así lo requieran.

Al mismo tiempo, y por sobre todo, el adolescente estará **empeñado en su búsqueda de identidad**. Una de las características sobresaliente de esta etapa es la búsqueda constante de desarrollar su identidad: «¿Quién soy?».

La búsqueda de este «quién soy» se encuentra profundamente enraizada en la imagen de su cuerpo (¡cuerpo que tanto ha cambiado!).

Es así como los adolescentes se ven impulsados a pasar por el «duelo» de la pérdida de su cuerpo y de su rol infantil, debiendo desarrollar un nuevo esquema corporal y un nuevo rol que acompañe a esta nueva etapa. El peso de la imagen corporal adquiere mayor importancia cuando el adolescente se encuentra en grupos que dan demasiada trascendencia a los atributos físicos tanto del varón como de la mujer, aunque en el caso de la mujer la presión social por la estética suele ser un poco más fuerte.

- ◆ **Quién soy y como quién quiero ser.** Los adolescentes inician al desafiante camino rumbo a definir «quién soy en lo vocacional», con las típicas presiones propias de la familia y sociedad en general, sobre cuál será su rumbo laboral y de estudio.

- ◆ **Quién soy en el servicio a otros**. Para los adolescentes que se encuentran identificados con una comunidad de fe, se profundiza la necesidad de amar a Dios a través de amar a los otros y dedicar parte de su vida al servicio del prójimo. También son frecuentes las conocidas crisis espirituales del adolescente con oscilaciones entre ateísmo y misticismo, ambos generalmente in-tensos, pudiendo significar tentativas de solucionar su búsqueda de identidad. Como líderes cristianos debemos tener en claro que la adolescencia es el mejor momento para profundizar, enraizar y desarrollar una relación con Dios de forma tal que marque sus vidas, llamado y ministerio para siempre.

◆ **La búsqueda de «quién soy» se extiende a su rol de género.** Es frecuente que los adolescentes se pregunten acerca de su masculinidad o feminidad, según sean hombres o mujeres respectivamente. El nuevo cuerpo que habitan muchas veces no favorece a la afirmación de su identidad sexual. Un tardío desarrollo puberal para el hombre o un cuerpo sin muchas curvas para la mujer (solo por citar algún caso) puede no colaborar en la afirmación de su identidad. Sumado a todos estos pensamientos provenientes del desarrollo biológico, encontramos todos los pensamientos acerca de su masculinidad y feminidad producto de la educación y la interacción con sus figuras parentales. Como ya lo hemos visto en capítulos anteriores, el rol del padre y de la madre no han pasado desapercibidos en la construcción del «quién soy».

Es frecuente que los adolescentes se pregunten acerca de su masculinidad o feminidad. El nuevo cuerpo que habitan muchas veces no favorece a la afirmación de su identidad sexual.

Permítanme hacer dos distinciones entre algunos consejos para padres y otros para líderes acerca de cómo ayudar en la afirmación de la identidad de género en los adolescentes.

¿CÓMO DEBEMOS ACTUAR LOS PADRES EN POS DE LA AFIRMACIÓN DE LA IDENTIDAD DE GÉNERO DE NUESTROS HIJOS ADOLESCENTES?

1. Trabajar en equipo

Para educar a nuestros hijos conforme a nuestros valores e ideales, primero debemos tenerlos muy claros los propios padres, y acordarlos con nuestra pareja. Si quieren que los conozcan, entiendan y respeten, deben trabajar en equipo. La palabra de Dios dice en Mateo 12:25 *«Una ciudad o una familia dividida por peleas se desintegrará».* (NTV). Las preguntas del adolescente acerca de su identidad no son recientes, son el producto de años de formación donde el padre, madre o sustituto ha tenido mucha implicancia. Por lo tanto, acordar nuevas formas de crianza y roles será muy importante. Si uno de los padres da una orden, impone un castigo o premia algún esfuerzo, el otro debe apoyarlo, y en caso de que no estén de acuerdo, deben buscar el acuerdo a solas.

2. Buscar ayuda externa

Toda la familia está en cambio. Como vimos antes, no entra en la adolescencia solo el niño, entra todo el sistema, ¡la familia inicia un proceso de gran cambio! No es malo pedir ayuda. Busca un buen consejero que haya pasado con éxito la adolescencia de sus hijos y habla con él.

3. Apoyarse en cómplices

Si los adolescentes inician su migración hacia otros sistemas por fuera de la familia, entonces rodéate de personas que puedan influenciar positivamente a tu hijo. Pídeles a distintos líderes que se acerquen a él y le presten atención. Elige una persona con talento y capacidad de empatizar con los adolescentes y pídele que haga la pastoral de tu hijo. Que lo acompañe a la consolidación de su identidad.

4. Cuando se necesitan reglas, definirlas y hacer que se respeten

No tengas miedo de ser impopular y de no quedar bien con tus hijos por un día o dos. Sé coherente en lo que dices y lo que haces. Si la actitud del adolescente merece una corrección, se le aplicará con amor y sabiduría. Recuerda tu propia adolescencia y acuerden en pareja el tipo de consecuencia que pondrán a sus acciones. Recuerda que tú eres el padre y no un amigo(a). La separación que el adolescente establece con los padres es normal. No hay que tomárselo a modo personal.

5. Disponer de tiempo familiar para tu adolescente

Muchos preadolescentes y adolescentes parecen más pendientes de sus amigos, pero esto no significa que no estén interesados en la familia. Seguramente pasarás mucho tiempo pidiéndoles cosas que no le agradan mucho a tu hijo (estudiar, ordenar, limpiar, cumplir horarios, límites, etc.), entonces busca otras actividades divertidas para hacer juntos. Invítalo a realizar tareas atractivas y en coherencia con sus gustos.

6. Invertir tiempo a solas con tu hijo adolescente

Planea actividades divertidas y atractivas para hacer con tu hijo: practicar un deporte juntos, ver un partido de fútbol de su club preferido, ir a un recital, etc. Busca la forma de estar cerca y saber un poco de lo que está viviendo, pero no lo invadas. Aunque tu hijo no quiera un tiempo a solas contigo, tómate el momento de recordarle que tienes siempre las puertas abiertas para él, y que siempre estarás disponible si necesita hablar. Recuérdaselo a menudo.

7. Cuando tu adolescente te hable, ¡aprovéchalo!

El tiempo con tu hijo es el tiempo mejor invertido, ¡es tu principal cliente! Bríndale atención. Míralo al mismo tiempo que lo escuchas. Trata de no interrumpirlo. Dile que te explique las cosas más allá de si las entiendes o no. Si no tienes tiempo cuando tu hijo quiera hablarte, define un momento para escucharlo con toda atención.

8. Respetar los sentimientos de tu adolescente

Puedes estar en desacuerdo con tu hijo, pero sé respetuoso, no ofensivo. No menosprecies o tomes a menos sus sentimientos. No creas que sus sentimientos u opiniones son ridículos o sin sentido. Puede que tú no siempre seas capaz de ayudarlo cuando está triste, pero es importante decirle «me gustaría entender» o «ayúdame a entender».

9. Tratar de no molestarte si tu adolescente comete errores

Está aprendiendo. Obviamente dentro de los límites adecuados, los errores ayudarán a tu hijo a tomar responsabilidad por sus propios actos. Recuerda ofrecer orientación cuando sea necesario. Enfoca las discusiones hacia soluciones. Como padres debemos buscar desarrollar en nuestros hijos las herramientas intelectuales y emocionales para enfrentar con fortaleza y coherencia las situaciones difíciles que seguramente se les presentarán tanto en esta etapa como a lo largo de su vida. «¡Qué pena encontrar toda tu ropa tirada en el suelo!», es mucho mejor que: «¡Eres un desordenado!».

10. Estar dispuesto a negociar y a hacer compromisos

El gran cambio de paradigma entre la paternidad de un niño y la de un adolescente es la negociación. La negociación en la niñez no es saludable, los niños necesitan padres seguros que saben qué hay que hacer, cuándo y cómo. En cambio, en la adolescencia, esa misma «imposición» será un impedimento, por lo que poner en la mesa del acuerdo y la negociación algunos temas ayudará mucho a la convivencia, y así, a la formación de la identidad. No se puede negociar todo, pero tampoco imponer todo. Como padre deberás elegir algún tema sobre el cual se negociará (¿hora de llegada?, ¿amistades?, ¿salidas?, ¿vacaciones?, etc.) y otros en los cuales no se negociará (¿estudio?, ¿iglesia?, ¿corte de pelo? ¿tatuajes?, etc.). Esto les enseñará a resolver problemas de una manera saludable. No pierdas tiempo ni energías en cosas sin importancia.

11. Criticar un comportamiento, no a la persona

En vez de decir: «¡Llegaste tarde! Eres tan irresponsable... no me gusta esa actitud», trata de decir: «Me preocupo mucho por ti cuando no llegas, pienso que te podría haber pasado algo... ¿qué podríamos hacer para que llegues a la hora correcta? ¿Me podrías avisar dónde andas y si vas a llegar tarde?».

En la adolescencia no se puede negociar todo, pero tampoco imponer todo.

12. Darle feedback positivo cuando hace cosas correctas

Así como los adolescentes necesitan saber cómo te sientes cuando estás incómodo con lo que hacen, también necesitan saber cuándo aprecias las cosas positivas que hacen. Por ejemplo: «Estoy tan orgulloso(a) de que hagas las tareas y además me ayudes a poner la mesa».

13. Confiar en Dios

Dobla las rodillas y entrega tus preocupaciones a Dios, Él tiene cuidado de nuestros hijos. Nuestro Padre celestial está más ocupado en nuestros hijos que nosotros mismos. Como dijo Jesús en Lucas 11:13, si nosotros siendo hombres malos sabemos pensar bien de nuestros hijos, ¡cuánto más el Padre celestial!

A pesar de que estos años pueden ser difíciles, ¡la recompensa de ver a los hijos convertirse en adultos independientes, productivos y responsables es grandiosa!

COMO LÍDERES DE ADOLESCENTES

¿Qué cosas debemos tener en cuenta para colaborar en la afirmación de la identidad de género?

1. Tú eres el nuevo modelo

Entiende la gran responsabilidad que cae sobre tus hombros. El nuevo modelo para seguir e imitar ya no son los padres: serás tú. Como lo conté en otro capítulo, gran parte de mi afirmación en la identidad masculina la obtuve de mis líderes de adolescentes. Yo quería ser como ellos, y aunque llegué a la adolescencia con una base poco firme, ellos (quizás sin darse cuenta) afirmaron mi identidad masculina. Sin que lo notes, tus acciones, tu forma de tratar al sexo opuesto, tu forma de tratarte a ti mismo será el modelo a seguir por muchos adolescentes. Ten muy presente en tu mente esta responsabilidad, ya que posiblemente sea la más importante de esa época.

Nota: por este motivo, es sumamente importante que quien esté al frente de los adolescentes sea una persona madura, capaz de conducir con su ejemplo a la afirmación de la identidad de todos los adolescentes que lo tienen como referente.

2. Conoce su historia

Tómate el tiempo en conocer las vivencias que han sido parte de la vida del adolescente. Los adolescentes son, en gran medida, el resultado del paso de la historia y de lo que de ella Dios ha usado para formar su presente. Conoce sus vivencias de la niñez, su familia, sus alegrías y sus fracasos. Sus momentos más felices y sus momentos más tristes. Solo conociendo de dónde viene ese adolescente podrás hacer un buen plan para influenciarlo positivamente. Pídele a Dios que te dé sabiduría para guiar a este joven en el retorno al modelo de Dios en su vida.

3. Trabaja en equipo

Tú y sus padres (o figuras que actúen como tales) son el equipo perfecto para influenciar al adolescente. Ponte de acuerdo con los padres. Entiende cuál es su cultura, qué están esperando, cuáles son sus valores y trabaja con ellos. Si quieres tener un buen impacto en el adolescente, no puedes dejar de lado a su familia.

Muchas veces deberás iniciar el proceso de cambio primero en su familia y luego en el adolescente.

Entiende que el niño convertido en adolescente al cual estás ministrando lleva dentro de su cabeza a sus padres. La modificación de esos pensamientos puede ser una buena tarea, pero si encuentra al regresar a su casa el mismo cambio que estás buscando en su propia vida, seguramente lograrás un cambio mucho más rápido y completo.

4. Piensa en una formación integral

Lucas 2:52 nos habla de un crecimiento multidimensional de Jesús en su pubertad. Por donde me toque hablar de adolescencia y niñez intento sembrar la perspectiva de desarrollo integral. Tu tarea pastoral no se limita a solo un área, sino a todo el ser humano. A un adolescente creciendo como Jesús crecía: en gracia para con Dios (la dimensión espiritual), en gracia para con los hombres (la dimensión social), en sabiduría (la dimensión del conocimiento y las decisiones de vida) y en estatura (la dimensión biológica). Todas estas áreas: la física, la mental, la espiritual y la social, son tu objetivo. La afirmación de su identidad sexual implica que tengan una pastoral en todas las dimensiones de su formación. Piensa en cómo acompañarlo en sus estudios, en cómo se relaciona y resuelve los desafíos de las relaciones sociales en el colegio, en cómo conoce y confía en Dios frente a sus exámenes, piensa en cómo ayudarlo a ser más atractivo frente a sus compañeros de curso, ayúdalo a saber cómo defender una idea, a cómo exponerse mejor socialmente, y a cómo llevarse mejor con sus padres. Piensa integralmente... es el pensamiento de Dios.

5. Corrige con amor

Marca el rumbo. Que no te tiemble el pulso al corregir y marcar el rumbo. Piensa cómo Dios, por amor y con amor, corrige tu vida. Al igual que los padres, los líderes no están llamados a ser los amigos, sino a algo superior: a ser sus guías y mentores. Como lo dijimos, ellos te han puesto en un lugar de preeminencia; usa tu «poder» para guiar, corregir, afirmar y amar.

6. Sé el «conejillo de la India»

El adolescente necesita a alguien con quien ensayar y practicar su personalidad. Muchas veces te encontrarás siendo la persona con la que está ensayando sus primeros pasos en varios aspectos de la vida. Si eres un líder del sexo opuesto, o aun del mismo sexo que el adolescente al que estás ministrando, muy probablemente ensaye contigo diversas acciones de seducción y coqueteo. Si el líder no ha alcanzado madurez en su área emocional y amorosa, correrá un gran riesgo de ser tropiezo o tropezar.

7. Trabaja con tu vida

El instrumento más efectivo que Dios tiene para ministrar a tus adolescentes eres tú mismo, tu madurez, tu historia resuelta, tu seguridad sexual y tu claridad de identidad. Deja que Dios trabaje contigo antes de trabajar con los otros.

8. Sé paciente

Recuerda tu adolescencia. Recuerda cuando Dios y otros te esperaron y tuvieron paciencia. El camino de aprendizaje es un vaivén: acompáñalo en cada punto. Cuando retrocede ¡anímalo!, cuando se equivoca ¡corrígelo!, cuando avanza ¡afírmalo!

9. Pasa tiempo con el adolescente

Busca tiempo para hacer la pastoral del camino. Acompáñalo de la manera más cercana posible.

Invítalo a ser parte de tu vida y familia. Si eres casado, ¡mejor!, déjalo ver de cerca a otro matrimonio distinto al de sus papás. La mejor forma de afirmar la identidad sexual del adolescente es exponiéndolo en el día a día a líderes con identidad firme.

10. Ora sin cesar

En tus oraciones deben estar: tu vida, la de tu adolescente y la de su familia. Que Dios te dé la mejor estrategia, pero el mejor instrumento es sin lugar a duda tu persona.

CAPÍTULO 8

Cómo Ayudar

A LAS PRÓXIMAS

Generaciones

Mi formación profesional tiene una impronta sistémica muy fuerte y quizás este sea el motivo que me lleve continuamente a ver, como parte de la solución o parte del problema, los cambios generales que debemos hacer para ayudar a las próximas generaciones, cambios que implican una nueva forma de hacer las cosas. Creo que estamos donde estamos, en materia de identidad de género, porque hemos descuidado el acompañamiento pastoral en la formación del hombre, la mujer y la familia

Hemos descuidado el ámbito donde la sociedad legisla y crea las leyes porque hemos tenido un énfasis puertas para adentro y no hemos influenciado para bien a la sociedad en sus períodos de cambio y evolución.

Pensando en las generaciones que emergen ante nuestros ojos estoy urgido a que tomemos seis iniciativas:

1. PROGRAMAS DE FORMACIÓN PARA PADRES

La familia necesita ayuda intencional de parte de la iglesia y gracias a Dios hoy existen nuevos programas que cualquier iglesia local puede encaminar para ayudar a los padres de su congregación. Uno de los énfasis debe ser ayudar al hombre a ocupar su rol según el diseño de Dios ya que gran parte de la confusión de la identidad sexual de nuestros jóvenes tiene su origen en la pérdida del rol del hombre en la sociedad.

La familia necesita ayuda intencional de parte de la iglesia.

Como parte de este aprendizaje deberíamos trabajar en contribuir de manera integral al crecimiento, conocimiento y formación de los hombres de nuestra comunidad. Colaborar con el hombre para que sea un sujeto emancipador, formador de otros hombres completos y maduros. Enseñar al hombre a ser amoroso, proveedor, protector y fiel con su esposa. Apoyarlo para la libre y auténtica expresión de sus emociones. Encaminarlo en su proyecto de vida y en lograr la cultura de la responsabilidad social. Ayudar al hombre a contribuir en el mejoramiento de la calidad de vida en materia de desarrollo económico y social en las comunidades locales, regionales, nacionales e internacionales.

2. PROGRAMAS DE EDUCACIÓN SEXUAL

Ya dejamos en claro que cuando hablamos de sexualidad no hablamos solo de genitalidad. La sexualidad humana es la expresión del sexo y abarca el conocimiento, creencias, actitudes, valores y comportamientos de los individuos a nivel sexual. Sus dimensiones incluyen la anatomía, psicología y bioquímica de respuesta sexual; la identidad, orientación, funciones y personalidad, y los pensamientos, sentimientos y relaciones. Los valores éticos, espirituales, culturales y morales influyen en la expresión de la sexualidad. La capacidad de amar y de experimentar placer sexual enriquece nuestras vidas, por ello el ejercicio de la sexualidad es una necesidad básica con gran repercusión en el bienestar individual y en las relaciones interpersonales, en lo afectivo y en la comunicación con el otro. La necesidad de complementarnos, trascender y comunicarnos motiva el acercamiento de los individuos entre sí.

Recordemos que la sexualidad es un proceso que comienza con la concepción. Nacemos con un sexo biológico, anatómico, genético y psicológico, e iremos afirmando nuestra identidad sexual durante toda la vida, pero sobre todo en la niñez y en la adolescencia.

Necesitamos trabajar con programas que formen adultos sexualmente saludables, pero con fundamentos éticos y morales que lleven a esa persona a una salud integral biológica, psicológica y espiritual completa y en un orden natural como fue creado, y no con contenidos que exponen las conductas distorsionadas como alternativas igualmente válidas.

Necesitamos trabajar con programas que formen adultos sexualmente saludables.

Por eso creo que debemos pensar en programas de educación sexual desde la niñez hasta la adultez. Programas que enseñen y formen al «niño por nacer» y su familia desde el proyecto de embarazo hasta la sexualidad adulta.

Qué bueno sería también que las políticas de Estado tuvieran en cuenta la importancia de cuidar la integración familiar, proporcionando orientación a los padres sobre el rol que tienen que desempeñar en sus hogares. Qué positivo sería que el Estado se preocupara por una educación basada en valores y no en la promoción del mero ejercicio de la genitalidad.

Pero lejos estamos de este tipo de orientación así que a nosotros nos toca, como parte integrante de la sociedad, expresar y mostrar un concepto sano de familia, aun en medio de la crisis que nos toca a todos.

Concretamente, podemos facilitar:

- ◆ Charlas para niños sobre educación sexual desde temprana edad.

- Charlas de prevención del abuso sexual.
- Charlas para preadolescentes, adolescentes y jóvenes.
- Consejería prematrimonial para jóvenes a punto de casarse.
- Charlas de educación sexual para matrimonios.
- Prevención de violencia en noviazgos y matrimonios

3. PROGRAMAS DE FORTALECIMIENTO PARA TODA LA FAMILIA

La familia de hoy se encuentra bajo ataque y facilitar que ella pueda encontrar programas de recreación y dialogo es una gran herramienta para la iglesia. Es necesario tener un lugar de formación para que el hombre y la mujer, diferentes físicamente, vivan en igualdad de derecho y dignidad, complementarios en sus funciones, viviendo en armonía, enriqueciendo la existencia el uno del otro y transmitiendo a sus hijos el amor que Dios el Padre desarrolló en sus corazones a la vez que colaboramos con los hijos para entender a sus padres y facilitar el dialogo en uno y otro frente.

Concretamente, podemos facilitar:

- Espacios de discusión sobre dinámicas familiares para la comunidad.
- Conferencias sobre los roles del hombre y la mujer.
- Exposiciones sobre los acuerdos y valores familiares.
- Espacios de juego para la interacción de la familia.

4. ALERTA ACERCA DE LOS MOVIMIENTOS IDEOLÓGICOS EN CONTRA DE LA FAMILIA Y LA IGLESIA

De la misma manera en que hace más de veinte años en la Conferencia Mundial de las Naciones Unidas sobre la Mujer, un grupo alzó su voz para proponer y difundir la teoría feminista de género, hoy en día existen otros grupos ideológicos que buscan objetivos similares como disolver el modelo de Dios para el hombre, la mujer y la familia.

Como lo explicamos en un capítulo anterior, las feministas de género promulgan que el marxismo fracasó en el logro de la desaparición de clases por concentrarse en resoluciones económicas sin atacar la primera causa de esa diferenciación: *la familia.*

El principal blanco de estas ideologías es la familia monogámica y heterosexual. Insisten en la deconstrucción de la familia, diciendo que esclaviza a la mujer e infiriendo que condiciona de manera negativa a los hijos para que acepten a la familia, el matrimonio y la maternidad como algo natural y bueno. Proclaman el final de la familia biológica. Para esta ideología, no solo debe desaparecer la familia biológica, sino que se debe reeducar a las generaciones siguientes bajo este nuevo concepto. Influir en la educación con «una estrategia importante para cambiar los principios sobre los roles del hombre y la mujer en la sociedad». «La perspectiva de género debe integrarse a todo currículo educativo», expresan las feministas de género, y en este sentido están trabajando fuertemente.

El principal blanco de las ideologías de género es la familia monogámica y heterosexual.

De la misma forma que la ideología de género, hoy están presentes otras corrientes ideológicas como la North American Man/ Boy Love Association (NAMBLA) (Asociación norteamericana por el amor entre hombres y chicos). Es una organización estadounidense, de corte progresista y pedófila radicada en Nueva York y San Francisco, que se opone a la idea de una edad mínima para tener relaciones sexuales. Defiende lo que califica de derecho de los menores a explorar su propia sexualidad sobre bases más liberales que las que permite la sociedad actual. Lucha por «poner fin a la opresión de los hombres y adolescentes que han elegido libremente tener relaciones sexuales» y reclama «la adopción de leyes que a la vez protejan a los niños de los contactos sexuales no deseados, dejándoles libertad para determinar lo que quieren hacer de su sexualidad «.[16]

Así como esta organización, hay otras que también influencian a las nuevas generaciones con un proyecto contrario a los planes de Dios.

Concretamente, podemos facilitar:

◆ Programas de investigación y formación.

- Foros para las familias de la iglesia, y crear conciencia de cuidado.
- La argumentación y la defensa de los valores cristianos.
- La educación en la prevención.

5. PRESENCIA EN ESPACIOS LEGISLATIVOS DONDE SE VOTAN LAS LEYES

Creo firmemente en una iglesia trabajando dentro de los espacios políticos, aportando la visión de Reino y sus valores en donde las leyes se discuten, influenciando y permeando a la sociedad antes, durante y después que una ley se crea.

He notado que en muchos de nuestros países latinoamericanos no tenemos tiempo para estar apoyando, ayudando y ministrando a los legisladores, pero sí lo tenemos para hacer marchas en contra de una ley que pudimos haber cambiado y modificado cuando se estaba tratando en el recinto legislativo.

Creo que necesitamos un cambio de foco, una nueva forma de ver nuestra responsabilidad ciudadana, una forma de hacer cultura y llevar el reino.

Concretamente, podemos facilitar:

- Talleres para jóvenes interesados en política acerca de cómo los cristianos podemos participar con sabiduría en estos espacios.
- Espacios para pastorear a los legisladores actuales.
- El apoyo a proyectos legislativos en cada uno de los espacios de participación ciudadana que tengan que ver con los intereses de la iglesia,y en los que la iglesia tenga oportunidad de estar.

6. INFLUENCIA EN ESPACIOS CULTURALES Y SOCIALES

Nuestras iglesias están llenas de dones y artes: debemos impulsar el hecho de salir y evangelizar a través de esos dones. El arte es una forma maravillosa de permear la sociedad.

Concretamente, podemos facilitar:

- La promoción del arte que tenemos dentro de la iglesia en la sociedad.
- La creatividad en la arquitectura.

- Cursos o talleres de escultura, pintura y literatura.

- Críticas, comentarios de libros y clubes literarios.

- Muestras de artes visuales, que incluyen la pintura y el dibujo.

- Conciertos de música.

- Foros de literatura, que incluye la poesía.

- Muestras de artes escénicas comunicando valores a través del teatro, la danza, el mimo y el circo.

PALABRAS FINALES

Dios creó al ser humano por amor y con amor, y su diseño divino nunca ha tenido otro propósito que posibilitar al ser humano vivir una vida en plenitud.

Cualquier distanciamiento de ese plan divino produce dolor, vergüenza, culpa, rencor y soledad, y por eso la motivación de la iglesia al trabajar una sexualidad sana en la sociedad no tiene exclusivamente que ver con la moralidad o con doctrina bíblica sino con compasión. Sobre todo, compasión con las nuevas generaciones, las cuales van pasar por mucho dolor si no luchamos por ellas.

NOTAS BIBLIOGRÁFICAS

1. Judith Butler. *«Gender Trouble: Feminism and the Subversion of Identitiy»* (Problema de Género: el Feminismo y la Subversión de la Identidad). Routlege, New York 1990, pág. 6.

2. Christina Hoff Sommers. *«Who Stole Feminism?»* (¿Quién se Robó el Feminismo?). Simon & Shuster, New York, 1994.

3. (https://www.aciprensa.com/controversias/genero.htm).

4. Adrienne Rich. *«Compulsory Heterosexuality and Lesbian Existence»* (Heterosexualidad Obligatoria y Existencia Lesbiana). Blood, Bread and Poetry, pág. 27.

5. Adrienne Rich. «Compulsory Heterosexuality and Lesbian Existence» (Heterosexualidad Obligatoria y Existencia Lesbiana). Blood, Bread and Poetry, pág. 70.

6. Lucy Gilber y Paula Wesbster. *«The Dangers of Feminity»* (Los Peligros de la Feminidad). Gender Differences: Sociology of Biology, pág. 41

7. Kate Bornstein. «*Gender Outlaw*» (La Proscripción del Género). Vintage Books, New York, 2016, pág. 115.

8. Heidi Harmann. «*The Unhappy Marriage of Marxism and Feminism*» (El Matrimonio Infeliz del Marxismo y el Feminismo). Women and Revolution, South End Press, Boston, 1981, pág. 5.

9. Frederick Engels. «*The Origin of the Family, Property and the State*» (El Origen de la Familia, la Propiedad y el Estado). International Publishers, New York, 1972, págs. 65-66.

10. Alison Jaggar. «*Political Philosophies of Women's Liberation. Feminism and Philosophy*» (Filosofías Políticas de la Liberación de la Mujer. Feminismo y Filosofía). Littlefield, Adams & Co., Totowa, New Jersey, 1977, pág. 14

11. Christine Riddiough. «*Socialism, Feminism and Gay Lesbian Liberation*» (Socialismo, Feminismo y Liberación Gay Lésbica), Women and Revolution, pág. 80.

12. Christina Hoff Sommers. «*Who Stole Feminism?*» (¿Quién se Robó el Feminismo?), Simon & Shuster, New York, 1994, pág. 257

13. Council of Europe, *«Equality and Democracy: Utopia or Challenge?»* (Consejo de Europa-Igualdad y Democracia: ¿Utopía o Desafío?), Palais del Europe, Strausbourg, Febrero 9-11, 1995, pág. 38.

14. Elisabeth Schussler Fiorenza, *«In Memory of Her, Crossroad»*, New York, 1987, pág. 15.

15. Sigmund Freud. *«Nuevas Lecciones Introductorias al Psicoanálisis» (1932)*. Vi-Da Global 2012.

16. https://es.wikipedia.org/wiki/North_American_Man Boy_Love_Association#cite_note-4

ALGUNAS PREGUNTAS QUE DEBES RESPONDER:

¿QUIÉN ESTÁ DETRÁS DE ESTE LIBRO?

Especialidades 625 es un equipo de pastores y siervos de distintos países, distintas denominaciones, distintos tamaños y estilos de iglesia que amamos a Cristo y a las nuevas generaciones.

e625.com

¿DE QUÉ SE TRATA E625.COM?

Nuestra pasión es ayudar a las familias y a las iglesias en Iberoamérica a encontrar buenos materiales y recursos para el discipulado de las nuevas generaciones y por eso nuestra página web sirve a padres, pastores, maestros y líderes en general los 365 días del año a través de **www.e625.com** con recursos gratis.

zona de contenido
PREMIUM

¿QUÉ ES EL SERVICIO PREMIUM?

Además de reflexiones y materiales cortos gratis, tenemos un servicio de lecciones, series, investigaciones, libros online y recursos audiovisuales para facilitar tu tarea. Tu iglesia puede acceder con una suscripción mensual a este servicio por congregación que les permite a todos los líderes de una iglesia local, descargar materiales para compartir en equipo y hacer las copias necesarias que encuentren pertinentes para las distintas actividades de la congregación o sus familias.

¿PUEDO EQUIPARME CON USTEDES?

Sería un privilegio ayudarte y con ese objetivo existen nuestros eventos y nuestras posibilidades de educación formal. Visita **www.e625.com/Eventos** para enterarte de nuestros seminarios y convocatorias e ingresa a **www.institutoE625.com** para conocer los cursos online que ofrece el Instituto E 6.25

¿QUIERES ACTUALIZACIÓN CONTINUA?

Regístrate ya mismo a los updates de **e625.com** según sea tu arena de trabajo: Niños- Preadolescentes- Adolescentes- Jóvenes.

¡APRENDAMOS JUNTOS!

e625.com

 /e625COM

DESCUBRE EL NUEVO SITIO DEL INSTITUTO E625

Y lleva tu ministerio al siguiente nivel.

www.InstitutoE625.com

Escanéa
el código
para ver más

¡SUSCRIBE A TU MINISTERIO PARA DESCARGAR LOS MEJORES RECURSOS PARA EL DISCIPULADO DE LAS NUEVAS GENERACIONES!

Lecciones, bosquejos, libros, revistas,
videos, investigaciones y mucho más

e625.com/premium

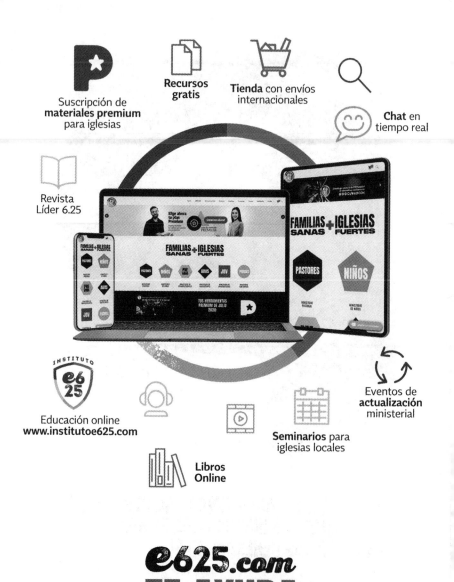

Suscripción de **materiales premium** para iglesias

Recursos gratis

Tienda con envíos internacionales

Chat en tiempo real

Revista Líder 6.25

FAMILIAS + IGLESIAS SANAS FUERTES

Educación online **www.institutoe625.com**

Eventos de **actualización** ministerial

Seminarios para iglesias locales

Libros Online

e625.com
TE AYUDA
TODO EL AÑO